AF498899

A VIDA EM
QUATRO VERBOS

(Uma conversa sobre o essencial na vida)

Marizan Di Carvalho

A VIDA EM QUATRO VERBOS

(Uma conversa sobre o essencial na vida)

2021 ®Marizan di Carvalho—
Direitos em Língua Portuguesa reservados exclusivamente
ao autor

Capa: Juliana Pinheiro - Angular
Projeto Gráfico: Eliosmar Veloso
Revisão: Marizan di Carvalho

Contatos com o autor:
Instagran: @marizandicarvalho
marizancarvalho@gmail.com
Fanpage: marizandicarvalho

Reg.Ed. 39603.2021

CARVALHO, Marizan di–
A vida em quatro verbos: uma conversa sobre o essencial na
vida, 1ª Edição. Gurupi-TO: Editora Veloso, 2021

114 p.

Conteúdo: 1.Crônica/Contos, 2.Lit. brasileira.
        1.Título
                ISBN: 978-65-88926-25-3

CDD – B869

TODOS OS DIREITOS RESERVADOS – A reprodução total ou parcial de
qualquer forma ou por qualquer meio deste documento e autorizado desde
que citada a fonte. A violação dos direitos do autor (Lei no 9.610/98) é
crime estabelecido pelo artigo 184 do Código Penal.

IMPRESSO NO BRASIL
PRINTED IN BRAZIL

Sumário

DEDICATÓRIA

Dedico este livro a Deus, que está acima do cosmo, que fez do homem a coroa de Sua criação; À minha família - ninho de minha existência; Ao meu pai, seu Mário Fernandes, que já viveu e protagonizou tantas histórias, aprendendo a arte de reviver; aos amigos sinceros, que fazem a vida ter rima e poesia; em especial à Lucas da Silva Rabelo e Felipe Lima.

Dedico ainda aos colegas professores, educadores e mestres que mais do que profissionais são inspiradores de sonhos na escola da vida, ajudando todos os dias crianças e jovens a escreverem páginas de uma vida possível.

Dedico a todos que são presentes em minha vida: ontem, hoje e sempre.

PREFÁCIO

Inicio falando não da obra "A vida em quatro verbos", mas de seu autor, o escritor, poeta e professor Marizan Di Carvalho. Pessoa sensível, amorosa, cuida dos amigos e das pessoas em muito mais que quatro verbos.

Marizan vem de uma luta por seu lugar ao sol numa sociedade que pouco valora o Ser poeta na essência da palavra. Para ele, Ser poeta é enxergar o pequeno, o humilde, o amor, a solidariedade, o companheirismo. O Ser poeta do autor encontra base em sua busca pelo amor em sua essência, natureza e beleza, manifestados pela gratidão à vida e ao Criador de todas as coisas na oportunidade da produção em versos e verbos.

Marizan é o poeta que com sua simplicidade, digna dos sábios, transcreve em suas produções: luz, amor, sabedoria e vida.

Recomendo a leitura reflexiva da análise filosófica e poética "A Vida em Quatro Verbos", do professor Marizan Di Carvalho.

Boa leitura!

Profª Maria de Lourdes Leôncio Macedo

Graduada em História pela Universidade Estadual de Maringá (UEM);Mestre em Educação pela Universidade Federal do Tocantins (UFT) e professora da rede estadual de ensino do Tocantins.

VIVA A VIDA

Viver é o maior espetáculo da vida! A vida não tem ensaio, nem script e, sua essência é pura emoção e adrenalina. Ela não para enquanto paramos! O que a mantém intensa e colorida, não é o movimento que damos a ela, mas, a intensidade que damos aos seus momentos!...

Há tantas pessoas morrendo antes de viver! É preciso de novo, dar sentido à vida, se encantando por ela e tendo esperança no amanhã. Viver é a maior prioridade da vida! Há quem cuide de tudo na vida que acaba por esquecer-se da vida!...

A vida é um dom e um milagre do Criador! Só vive plenamente quem passa a entender a dimensão e o sentido de sua existência nesse oceano vida. Mas, não é possível viver sem arriscar-se. Porque a vida é definida não pelo tanto de vezes que fracassamos em nossas tentativas, mas, no quanto nos arriscamos por ela!

Portanto, descubra-se no processo universal da vida, sendo protagonista de sua própria história na plenitude de viver e querer viver! Faça a vida valer a pena – o Criador pensou nisto quando pela sua presciência trouxe-lhe ao mundo! Viva a vida!

CONJUGANDO A VIDA

A vida, esse substantivo feminino, abstrato ou concreto, que tem dimensões e sentidos verbais que partem das esferas imaginárias para as reais, avolumando-se do concreto e durável, manifesta-se no mundo visível por meio do seu ciclo - movimento giratório de suas ações naturais. A vida é Verbo. Tem ação e move-se; É fenômeno da natureza terrena e espiritual; tem alma e corpo, sentimentos e sentido; A vida vai e vem; sabe o seu próprio tempo e entende suas estações. A vida é semente que morre para reviver!

A vida é movimento e sentimentos; poesia e essência; luz, amor, dor e flor; vínculos e conexões; fios de ternura e tempo; seu resultado é fruto de muito suor, lágrimas e sangue; a vida é choro e riso; guerra e festa. Viver é, essencialmente, o resultado da conjugação dos verbos: sonhar, realizar, agradecer e amar.

CAPÍTULO 1

SONHAR

"Sonhar é o principio de TUDO..."

Sonhar é o principio de tudo. Sonhar é essencial à vida. Todos os caminhos trilhados pela humanidade foram frutos de sonhos. A ciência, a arte, o pensamento filosófico e a criatividade humana passaram pela mente e pelo coração de sonhadores! Tudo que é palpável no mundo físico um dia existiu na alma de alguém. Os sonhos são rascunhos de ideais de lutas, conquistas, arte e pensamento da humanidade. Por isso, sonhar é essencial à vida, sendo o princípio de tudo!

Mas, afinal o que é sonhar? Sonhar é movimentar- se em prol de ideais; é criar e recriar-se num processo de inventar-se e permitir-se às invenções. Sonhar é romper limites culturais, filosóficos, sociais e, tantos outros! Muitas vezes sonhar requer romper limites gravitacional e emocional. Quem deseja aperfeiçoar-se na arte de sonhar pela busca da realização pessoal, precisa aprender a voar os céus de suas limitações. Você é o único responsável pela realização de seus sonhos! Portanto, voe bem alto!

Quando nascemos somos como um livro. Temos em nossas páginas apenas o prefácio ou a introdução escrita pelo Criador com a finalidade de sermos protagonistas de nossos textos e contextos, histórias e memórias que servirão de roteiro para a formação de nosso caráter, na construção de nossa identidade sonhadora. Mas, tudo dependerá muito de nossa determinação e fé na vida e na capacidade de superar nossos limites e perseguir nossos sonhos por meio de nossa perseverança e resiliência.

A realização de nossos sonhos sempre serão resultados de metas estabelecidas, roteiros definidos e de muita coragem. Deus, o Criador, sendo o autor da vida nos deu a graça de vivê-la como um dom, sendo coautores com Ele, na gloriosa arte-vida de escrever nossas páginas! Enquanto houver fé, esperança e amor, sempre haverá força suficiente para acreditarmos em nossos sonhos, mas, sobretudo lutar pela realização de escrever nossas próprias páginas. Afinal, sonhar é o principio de tudo!

A FORÇA DE UM SONHADOR

"A força de um sonhador no mar
da existência é movida pelas velas da
determinação e paixão pela vida."

Tal qual um navegante, o sonhador navega mares, enfrenta ondas e vendavais, mas, também, respira calmaria e na bonança pode sonhar além do horizonte-mar, na viagem-vida. Mas, onde mora a força de um sonhador? O que o mantêm firme em seus propósitos, mesmo em meio ao caos?

Um sonhador de verdade sabe que os sonhos são feitos de lutas; que sonhar requer, sobretudo, ação. E, que é preciso ter esperança para navegar os ideais de um sonho, pois, sem esperança não se pode realizar nada. A esperança é o leme do barco de um sonhador. Quanto mais ele tiver esperança, tanto mais navegará seguro os mares de seus ideais, mesmo sabendo que às vezes os vendavais podem parecer intransponíveis. Ele sabe que os desafios são partes da realização de um sonho e o caminho para a sua concretização.

Ao contrário do que muitos imaginam os sonhos não são movidos apenas na mente e no coração de quem sonha. Os sonhos passam por incríveis estágios até a sua realização. O único lugar aonde os sonhos se realizam apenas num estalar de dedos é nos contos de fadas. Na vida real, os sonhos são resultados de três importantes exercícios diários: transpiração, respiração e inspiração.

Assim como um barco em alto mar não pode alcançar seu destino sem a dependência do leme, do mesmo modo é a nossa vida – sem o devido esforço e disciplina de navegar rumo aos nossos sonhos e objetivos, sem a devida inspiração e fé de enfrentar os vendavais, não há realizações. Navegar na vida é um processo que exige inspiração, respiração e muita transpiração nos remos da vida!

Há um verso de minha autoria que costumo recitar, sempre que reflito sobre sonhos e realizações:

> "Há tantas rimas nos remos que se não fossem as rimas os remos não remariam."

Faça de tua viagem rumo às realizações uma imensa aventura que possa valer a pena! Coloque emoção em cada um de teus momentos. Não tenha vergonha de tuas histórias de dor e fracasso; são elas que te farão alcançar teus objetivos! Chore, se tiver que chorar; sorria alto, abrace, cante e encante; coloque rimas em teus remos e reme rumo aos teus sonhos! Desbrave teus mares e conquiste tuas terras. Força, sonhador! Há porto seguro, logo ali! Navegar é preciso.

TRANSPIRAR É PRECISO

Transpirar é um estágio fundamental na realização de nossos sonhos. Não há conquistas sem esforços. Transpirar é um exercício necessário na busca pelos nossos objetivos. Sonhar é muitas vezes mais um exercício de transpiração do que, propriamente de inspiração. A inspiração nos move em nossos sonhos, mas, a transpiração nos faz realizá-los.

É visível que vivemos nesta geração uma crise de atitudes! É lamentável notarmos que os jovens estão desistindo de seus sonhos e ideais muito facilmente. Já não há em nossos jovens ávida força de lutar. É preciso desenvolver nesta geração a resiliência, a inteligência emocional, o equilíbrio e a força da superação. Falta disciplina a esta geração. É preciso treiná-la para a conquista de seus sonhos.

Por outro lado é preciso entender que a vida tem o seu ritmo natural. Todo esforço, planejamento e foco deve ser colocado em prática, sem, contudo, comprometer a nossa saúde, equilíbrio e paz necessária para colhermos os frutos de nossos esforços na concretização de nossos sonhos. Não se pode viver na zona de conforto, mas, também é preciso ter cuidado com a zona da ansiedade! Devemos viver de modo a observar que tudo tem seu tempo e ritmo próprio. As coisas acontecem em seu tempo e contento quando a sua transpiração tem ritmo e equilíbrio. Você não deve viver pelas expectativas alheias, mas, cumprindo suas metas com firmeza e moderação. Os padrões pós-modernos de conquistas, sucessos e realizações pessoais têm ritmo tirano e ditam regras aquém das possibilidades humanas e sacrificam e excluem aqueles que não atingem suas metas. A sua saúde mental é mais importante do que metas tiranas! Você não é máquina, nem robô. Transpire em seu próprio ritmo, sem perder a esperança, a fé e o amor. Quem acredita e transpira sempre alcança.

Transpirar é preciso, mas, transpire em buscas de suas realizações sem adoecer. Corra atrás de seus sonhos conquistando e saboreando cada etapa de tuas realizações sem tornar-te infeliz. Vivemos num tempo em que a ansiedade e a depressão têm adoecido milhares de pessoas que não têm sabido distinguir entre realizar com equilíbrio e querer tudo para ontem! O resultado tem sido desastroso.

Muitos estão desistindo de seus sonhos simplesmente por não acreditarem em si, nem na capacidade de ir à luta e vencer; mas, apesar de tudo, ainda existe força de mudança e vontade de vencer em nossa geração.

É tempo de treinar nossas emoções, conhecendo nossos próprios limites e potencializando nossas habilidades a fim de desenvolvermos ritmo próprio na busca de nossos objetivos na vida, sem, contudo, perdermos a saúde e o equilíbrio. Inteligência emocional é a principal das inteligências. É preciso treinar uma geração inteira na arte da disciplina, da superação e do equilíbrio – emocional e espiritual - resiliência e equilíbrio é a melhor resposta pela busca do processo de reconstrução desta geração frente aos desafios do dia a dia.

Nenhuma outra geração investiu tanto na aparência física, no cuidado com o corpo e na manutenção da força física quanto a atual. Somos a geração do cuidado com o corpo pela busca da longevidade e saúde. De certo modo, é positivo o cuidado com o corpo na busca pela qualidade de vida. O que é negativo e contraditório é desenvolver e manter apenas a força física. O ser humano não é apenas corpo. Somos triuno: corpo, alma e espírito. No entanto, vivemos nesta geração contraditórias práticas nesse contexto, por falta de discernimento e conhecimento. Muitos ocupam grande parte de seu tempo em dietas suplementares, nas academias e no desenvolvimento dos músculos por meio de pesados treinos e de muita disciplina, mas, que infelizmente não aprenderam a desenvolver sua mente nem a exercitá-la, também. É preciso dar equilíbrio entre corpo e mente. Muitos focam em dietas e treinos diários de academias de ginástica, na busca pelo corpo perfeito, mas infelizmente não transpiram na mesma proporção quanto o assunto é o cuidado e equilíbrio mental e espiritual. Por isso, desistem muito fácil de seus objetivos na vida, abandonando seus sonhos no caminho! São "Hércules" na força e na aparência física, porém, raquíticos na força espiritual e mental.

Vivemos uma geração bem preparada fisicamente; jovens que exibem seus corpos saudáveis e robustos nas redes sociais, vitrines de shoppings e academias, mas, que muitas vezes não dispõem de nenhuma força para vencer os seus próprios limites e desafios, no dia a dia. Falta a esta geração treino e disciplina na conquista pessoal, a fim de que possa se tornar protagonista de suas próprias histórias por meio de um espírito resiliente.

A Educação é parte fundamental no treinamento e formação das pessoas, mas, não se deve esquecer que a família é o primeiro ciclo educacional. Atualmente, há uma dívida das famílias na formação de valores de seus membros. Falta nesta geração núcleos familiares que sejam verdadeiras academias das emoções, treinando crianças e jovens, a serem verdadeiros "Hércules" do equilíbrio físico e mental. Precisamos de mestres, não só nas escolas e universidades, mas, também na sociedade; que estejam dispostos a ensinarem as gerações mais jovens a desenvolverem intelectual, física e espiritualmente suas inteligências. O que falta para a construção de um país e de um mundo melhor e mais seguro e pacífico não é maior poder bélico, melhor estrutura econômica ou melhores universidades. Faltam-nos mais ousadia e treinamento, principalmente intelectual e emocional para a construção de um império de sábios, que aprenderam a lidar com seus limites, transpondo-os pelo equilíbrio entre a força, a fé, a emoção e a razão. E, nesse contexto as igrejas e comunidades, também, têm seu papel.

Desejo, sinceramente, uma geração de guerreiros que antes de vencerem o peso de suas espadas e escudos sejam capazes de vencerem seus próprios limites no campo da emoção; homens e mulheres, jovens e crianças protagonistas de suas histórias, potencialmente sonhadores, perseverantes e esperançosos e que tenham fé em Deus, na vida e em si mesmas. Desejo ainda que haja mais escolas da resiliência, academias da superação e da emoção, lares que eduquem e formem jovens que antes de dominarem as técnicas do mercado de trabalho, que sejam capazes de dominarem a si mesmos no mercado de suas próprias emoções. É preciso navegar os mares de nossos desafios rumo ao porto de nossas realizações!

RESPIRE FUNDO, VOCÊ VAI CONSEGUIR

Um treino aeróbico não é feito apenas de força. É preciso disciplina e técnica. Para bater a meta nos desafios da vida não bastam treinos exaustivos! Muitas vezes é preciso respirar no tempo, entender o momento e, principalmente manter-se focado! Uma vida de sucesso é o resultado de inúmeras tentativas que exige de seus autores perseverança e disciplina.

Vivemos num tempo em que as exigências e os padrões de competitividades querem nos condicionar numa busca desenfreada de resultados que tangem dos sentidos originais de um sonhador. Esse processo desumano, muitas vezes, sufoca o sonhador. É uma corrida desleal que não permite respirar em tempo algum. E, na busca dos sonhos é fundamental respirar.

Respirar é aquele tempo necessário para recobrar as forças, traçar as metas, encontrar caminhos; respirar implica oxigenar o cérebro, hidratar a pele, dar funcionalidade ao corpo. Não é suficiente apenas transpirar na busca dos ideais. É preciso respirar na busca pelo sentido e rumo da vida e de nossos planos para finalmente atingir metas. Estamos vivendo tempos de crises existenciais responsáveis por muitas doenças psicossomáticas, principalmente a depressão e a ansiedade. Tudo é para ontem! É preciso treinar a mente e o coração na busca de realizações seguras, com paz e equilíbrio; pois, sonho feliz é sonho realizado com equilíbrio.

É lamentável constatarmos que uma geração inteira está cansada demais para continuar sonhando. É preciso esperança a esta geração. Ter esperança é a arte de respirar fundo, de buscar sentido nas coisas e no mundo ao seu redor. Não basta correr, competir, desejar, ter anseios e ficar sempre no mesmo lugar! É preciso treinar duro nossas metas, avançar no campo das emoções, regular o tempo do coração com as horas do relógio, marcar o compasso do tempo com os nossos batimentos cardíacos! Nem demais, nem de menos – precisamos ser movidos pela força do profundo respirar, sem perder a essência do verdadeiro sentido da vida.

O maior resultado da vida não é o quanto consigo acumular de fortunas e bens como consequência de meus esforços, mas, o que realizo e agrego na vida a partir de minhas experiências com o próximo. Na vida não é importante o que se leva nem o que se lucra, mas, o quanto se deixa nela e o quanto se consegue agregar e multiplicar na vida daqueles que cruzam o nosso caminho ou que descendem de nós, de alguma forma.

A vida é um processo biológico, natural e espiritual. É biológica porque tem em sua origem a devida explicação científica. É natural porque nesse contexto é autoprogramada. Mas, não se pode ignorar, também, que a vida tem principalmente fontes espirituais. Do mesmo modo como a planta necessita da chuva e do sol para o processo da fotossíntese e produção, a vida depende da intervenção divina para manter-se em equilíbrio existencial em suas diversas manifestações. A fé, as vibrações emocionais, os bons sentimentos e os valores espirituais são responsáveis pela manutenção e disseminação da vida e de seus resultados no mundo físico e parafísico.

Busque compreender essas dimensões da vida e deixe-se ser conduzido pelo Criador e por tudo aquilo que Ele conquistou para você. "Buscai primeiro Reino e a sua Justiça e as demais coisas serão acrescentadas". (Mt.6.33)

INSPIRE – ENCHA OS PULMÕES DE FÉ!

"Determinação é quando a atitude se
encontra com a coragem;
Fé é o eixo de equilíbrio entre
determinação, atitude e coragem."

Embora, em linhas gerais, inspirar signifique encher involuntariamente os pulmões de ar, há outro significado que gostaria de dar ao verbo inspirar. Poeticamente, inspirar é o mesmo que buscar o entusiasmo, trazer luz à uma ideia, empregar paixão e perseverança na realização das coisas; inspirar é fazer nascer do coração a força dos ideais; é manifestar no espírito e na alma a poesia e o ânimo para a realização dos sonhos. Aliás, a poesia é uma arte cheia de inspiração. Ninguém, como um poeta para entender melhor sobre inspiração e a arte de viver. A inspiração é o cerne da poesia da vida! Todo sonhador é um poeta em potencial! É preciso inspiração para sonhar.

Muitas vezes na caminhada da vida você precisará desse exercício diário – inspiração! Para tanto será preciso fazer aquela pausa, encher os pulmões de ar e de fé e, inspirar! - recobrar a força necessária para continuar sonhando porque inspiração é estar focado em seus objetivos e ideais, independente do resultado.

As fontes de inspirações são as mais variadas na busca da realização dos nossos sonhos. Como é inspirador ouvir as histórias de conquistas daqueles que lutaram e venceram na vida! Sinceramente, se você quer aprender a arte de vencer comece ouvindo as histórias desses heróis da fé! Um vencedor aprende a educar os sentidos, sobretudo, a visão e a audição para ter mente de vencedor. Aliás, a neurociência já provou que na vida somos resultados daquilo que ouvimos e vemos! Inspiração para a vida requer uma boa audição. Se você deseja vencer na vida aprenda que sonhar é o primeiro estágio dessa luta; selecione o que você ouve, assim como seleciona os alimentos. A mente de um sonhador precisa alimentar-se muito bem para manter-se inspirada e determinada na busca de metas e objetivos.

Conversar com pessoas otimistas e mais inteligentes do que você, que já tenha alcançado maturidade e sabedoria para compreender a vida e os seus desafios é uma parceria indescritível e inspiradora; cultive amizades que desperte você a sonhar e ter esperança na vida. Andar com pessoas vibrantes, positivas, e contagiantes é uma fonte fluente e influente de inspiração. Acredite, ainda existem pessoas assim, esperando que você se torne, também, um vencedor.

Às vezes é preciso entender que a estratégia necessária para conquistar aquela batalha que nos aflige não está na força de nosso braço, mas, na educação e disciplina de nossos sentidos e emoções e no exercício de nossa fé. Entenda de uma vez por toda: grande parte de nossas experiências na vida é resultado daquilo que ouvimos, pois, a fé vem pelo ouvir. Quer ser um vencedor?ouça histórias de grandes vencedores – heróis vivos, de carne e osso como você - se encante pelos capítulos das histórias vivenciadas por eles e encontre inspiração para escrever o seu livro-vida! Busque ardentemente a inspiração da vida - nos livros, nas músicas, nas poesias, nas belas poesias de amor, nas histórias de heróis da fé, nas páginas do sagrado livro – A Bíblia. Inspire-se! – você é um sonhador em potencial!

Inspiração é fundamental para a realização de qualquer tarefa importante ou propósito. E, nesse assunto ninguém está sozinho, pois, há sempre uma história de inspiração ou uma experiência de vida que serve de inspiração. E, aos poucos, você verá que a sua própria vida se tornará um exemplo de inspiração e superação para outros!

A galeria dos heróis da fé, daqueles que escreveram histórias e venceram grandes desafios sempre foi composta de pessoas comuns, mas, com uma determinação incrível! Pessoas determinadas a escreverem as suas próprias histórias acima de qualquer obstáculo. Ter fé, determinação e coragem é a única receita eficaz para se tornar vencedor e herói de verdade!

POR QUE NÃO PODEMOS DEIXAR DE SONHAR?

A vida é feita de sonhos. São eles que movem nossos ideais de vida nos dando esperança a cada amanhecer e nos motivando a viver. O homem deixa de viver, quando deixa de sonhar. Nossos projetos são construídos de sonhos. Quem sonha é feliz porque a felicidade mora no coração de quem sonha!

Os mais felizes sonhos, sonhamos em Deus! Mas, quando, de fato, podemos dizer que os nossos sonhos são sonhados em Deus? Quando aceitamos a Sua Vontade buscando ser feliz com aquilo que Ele nos proporciona na medida daquilo que sonhamos; quando não desistimos de nossos objetivos em meio às dificuldades e desafios que a vida nos impõe. Quantas vezes nos frustramos em meios às circunstâncias por não entender que as nossas realizações são resultados de como encaramos nossas lutas, nos mantendo com foco e esperança naquilo que almejamos! Um projeto por mais simples que pareça exige dedicação em sua realização. Quanto mais um sonho que é um projeto de vida, para a vida inteira! Muitas vezes demoramos demais para entender que os mais felizes e promissores sonhos se realizam de pequenos esforços somados à perseverança e fé, sendo, portanto, resultado diário do milagre divino - como o maná que Deus mandava para o povo hebreu no deserto. Isso não é um passe de mágica ou uma questão de sorte, mas o resultado da decisão de crer, mesmo que pareça improvável.

Ouse sonhar todas as manhãs. Acorde determinado a realizar seus sonhos. Transforme seus sonhos em seu ideal de vida. A arte de sonhar é a arte de perseguir seus objetivos, de teimar muitas vezes, até mesmo de duvidar do possível pela busca do impossível!

E, isso se torna possível quando passamos a dividir os nossos momentos com aqueles que também são sonhadores, escritores da esperança e que decidiram ser protagonistas de suas histórias. Sem dúvida, viver intensamente é deixar-se mover e mover a outros pela força de sonhar!

Transforme seus ideais de sonhos numa escrita viva, envolvente e calorosa, dando cor, forma e tamanho aos seus sonhos. Renasça, se preciso for. Um sonhador tem os pés no chão, mas vive com o coração na lua! Ele sabe que o dia que deixar de sonhar a vida perderá o sentido. É por isso que não podemos deixar de sonhar! Para muitos os seus sonhos podem parecer impossíveis e fantasiosos e por isso, não aceitarão a ideia de serem parceiros na realização deles. Mas, o que fazer quando as pessoas que nos cercam não acreditam em nossos sonhos? Continuar sonhando, mantendo-se firme no propósito. Os sonhos são mesmo inacreditáveis e inaceitáveis porque são invenções de mentes fabulosas e de corações destemidos. Você é o dono de suas realizações e o único responsável por elas.

Quando estudamos a biografia de sonhadores em potencial, homens e mulheres que escreveram a história, realizando grandes feitos, descobrimos que grande parte era de pessoas comuns, com pouco ou sem nenhum recurso aparente, mas, com muita determinação e foco naquilo que sonhavam! Eram verdadeiros amantes da dedicação e da disciplina.

A vida perde a cor quando abandonamos a luta pelos nossos ideais. Quem deixa de sonhar, perde o entusiasmo pela vida porque são os nossos sonhos que nos dão entusiasmo diariamente, nos proporcionando esperança, que é a força movedora e renovadora da vida. Sonhar e lutar pelas nossas realizações é um processo que desencadeia os hormônios da felicidade - endorfinas, serotonina, dopamina e oxitocina – o quarteto fantástico, assim como o quarteto da vida é: sonhar, realizar, agradecer e amar. Uma das principais funções ou características desses hormônios (endorfinas, serotonina, dopamina e oxitocina) é provocar a sensação de bem estar, de prazer, promovendo em parte a alegria e serenidade pela possibilidade da eliminação da dor. Acredite: sonhar libera endorfinas no corpo e faz a serotonina disparar; sonhar e acreditar na possibilidade de realização, ter esperança naquilo que se faz, dá norte à vida desencadeando em nossas veias e em nossa alma a dopamina e a oxitocina! E isto, sem o uso de drogas ou substâncias nocivas, porque quem sonha libera os hormônios da felicidade contagiando e movendo um mundo inteiro ao seu redor.

O pastor Martin Luther King (1929-1968) em seu memorável e histórico discurso feito em praça pública para mais de duzentas mil pessoas, em Washington – EUA, em 1963, pedia igualdade racial, pelo fim da segregação racial e do preconceito. No discurso "I Have a Dream" ("Eu tenho um sonho"), Martin, imortalizou sua luta pela paz, sendo exemplo de um sonhador e lutador determinado. Em 2012, Barack Obama, presidente eleito na república estadunidense repete os ideais de luta de Martin Luther King em seu discurso de posse: " I have a dream!" (Eu tenho um sonho.) e, acrescenta: "Yes, we can!" (Sim, nós podemos!") Veja que depois de dezenas de anos, o ideal de luta e determinação de Luther King, foi capaz de atravessar gerações, movendo outras pessoas em torno de um mesmo ideal – a luta contra a segregação racial pela igualdade. Um sonho idealista levado a sério é capaz de atravessar séculos e de transformar gerações!

CAPÍTULO 2

REALIZAR

> "Realizar é a glória do
> sonhador..."

No Princípio, ainda no gênesis, tudo era sonho, desejo e vontade; e o Espírito movia-se sobre tudo. E, tudo foi criado ou realizado por meio da ação – sonho, realidade e Palavra. Sem o Espírito, sem a Vontade e sem a Palavra, nada teria vindo à existência.

Esse princípio deve aplicar-se também ao gênero humano. Quando o assunto é realizar sonhos, é preciso unir realidade e palavra, no propósito maior de sonhar. Os sonhos só têm sentido quando podem ser realizados. É como plantar e colher, cultivar uma planta e vê-la dar frutos e sementes! Esse mesmo princípio precisamos aplicar aos nossos sonhos – precisamos cultivá-los, na esperança de que irão dar frutos e sementes!

Um sonhador é um semeador em potencial, desses que não sonha apenas com os frutos de uma farta colheita, mas, arrisca-se lançando a semente no solo, muitas vezes, duvidoso da vida. Realizar sonhos é um exercício que requer sacrifício, fé e esperança.

Quando vivemos intensamente um sonho, tal qual agricultor, lançamos a nossa semente. Realizar é viver a esperança de acordar todas as manhãs e independente do resultado, perseguir a semente! Quem busca realizar seus sonhos deve, portanto, debruçar-se diariamente sobre sua semente, ocupando-se em regá-la e adubá-la na firme certeza de que logo brotará e dará flores e fruto repetindo mais uma vez o ciclo de sementes! Realizar sonhos é manter vivo o ciclo das sementes!

A força de um sonho é capaz de alimentar de esperança uma geração inteira! Uma geração de sonhadores imbuídos do espírito de luta e determinação é capaz de mudar uma página da história e escrever incríveis capítulos do livro-vida! Esta geração precisa voltar a sonhar sem ter medo de realizar seus sonhos.

É tempo de gerar esperança na família, na sociedade, nas escolas, nas igrejas e comunidades, onde quer que haja uma criança, um jovem ou um velho. É tempo de despertar e treinar uma geração inteira de sonhadores em prol de realizações maiores, descobertas incríveis e, principalmente pela descoberta do universo de si mesmas, num processo de reconhecimento e valorização da vida. Quando o homem descobre-se a si mesmo, é movido a escrever e reescrever lindas páginas de vitórias e conquistas!

Que a geração do presente presenteie a geração do futuro pela força da realização. Que a geração do presente possa acordar do sono da negligência e da desilusão para o amanhecer do entusiasmo em prol da transformação emocional, pessoal, social, profissional, vocacional e ideológica.

Desejo, sinceramente, que cada família seja um ninho de realização; que cada escola seja um campo de esperança e de sonhos. E, principalmente, que cada ser humano realize-se, enquanto pessoa, na valorização de si mesma e na conscientização de seus valores e potenciais, entendendo suas fontes e capacidades como, como um dom do Criador, intrínseco a cada.

A maior alegria de quem planta é poder ver brotar a sua semeadura. A maior satisfação do semeador é poder colher aquilo que plantou. Assim, acontece com o sonhador, pois, sua maior alegria é poder ver realizado cada detalhe sonhado. Melhor do que sonhar é realizar. A realização é a resposta positiva de quem sonha e a prova visível dos sonhos. A realização é o concreto dos sonhos. Ouse sonhar, mas, principalmente atreva-se às realizações!

REALIZAR É A GLÓRIA DE UM SONHADOR

A vida só tem sentido quando os moinhos dos sonhos se movem; quando a vela da esperança, impetuosa levanta-se no mastro de nossos ideais, em alto mar; a vida só tem sentido quando experimentamos as emoções de ir em busca de nossos sonhos mesmo que isso signifique passar por decepções, frustrações e perdas. Mas, quem foi que disse que a realização de nossos projetos muitas vezes não implicam em perdas? Na vida muitas de nossas conquistas são frutos de nossas perdas. Ao contrário do que muitos imaginam o caos e as perdas são cenários ideais para grandes realizações.

É o preço de cada conquista ou o valor de cada derrota que enobrece o ato de viver. A vida não é um faz de conta, nem um conto de fadas; a vida deve ser a exata conta do que se faz; esse é o viver que essencialmente vale a pena. Viver é aprender fazendo; é o acertar errando. A glória de quem sonha mora nas realizações, ousadia e liberdade de poder escrever sua história e contá-la com satisfação na alma a quem se ama, mesmo que algumas páginas sejam de dor. Quem disse que na realização de um sonho não há lágrimas? A vida é feita de suor, lágrimas, sorrisos e sangue. Mas, isto, também é a glória de um sonhador.

Por isso, não desista de seus sonhos. Realize cada um deles. Corra a corrida de seus ideais, chegue à reta final. Cruze a linha de seus limites e prove - primeiro para você mesmo – depois para o mundo, que você é capaz, que essa fé, que move você, que te faz mover montanhas, te leva além!

Para um sonhador é fundamental que entenda que a maior conquista e glória na luta pelos objetivos é não desistir de acreditar. A maior conquista não é vencer nem alcançar o pódio, mas, não desistir de acreditar, nem desistir de lutar. Muitos desafios das etapas que construirão minha conquista podem ser de perdas, mas, a maior conquista é permanecer lutando e entendendo que mesmo as derrotas fazem parte do ciclo que me levará, finalmente, a conquista final - a minha realização - pois a maior realização é não desistir de realizar.

O Criador não te fez chegar até aqui para ser um fracasso! Deus, também, é sonhador! Ele sonhou com você, projetou cada detalhe de sua vida, realizou o sonho de sonhar você! E agora, realiza-se ainda mais ao vê-lo realizando cada um dos sonhos que Ele sonhou com você, para você. Realize-se sonhador! Este é o seu momento! Esta é a sua Glória – você nasceu para isso! Realizar é Real. Quem realiza é realeza. Deus te fez para realizar. Acredite você pode!

COMPRADORES DE SONHOS

"Quem me compra esse sonho?..."

Um sonho não se realiza sozinho. Sonhar implica envolver personagens, mover ideais, encontrar afinidades e até firmar parcerias. Ninguém realiza nada sozinho! Jesus - o mestre por excelência, senhor dos senhores - mesmo Ele, não realizou nenhuma obra sozinho, por exemplo, a missão de evangelizar e alcançar o mundo com sua mensagem de vida e esperança. Para isso, firmou parcerias, fez alianças, formou pessoas em torno desse ideal de amor. Chamou e capacitou homens dos mais diferentes temperamentos, fazendo-os discípulos para enviá-los ao mundo como mensageiros do amor e das boas noticias. Eram homens com qualidades e defeitos como qualquer outro, mas, acima de tudo, sonhadores em busca de realizações! Um sonhador de sucesso é aquele que agrega outros sonhadores ao seu projeto de realizações.

A realização do projeto de evangelização do mundo e a consumação do plano redentor da humanidade deu-se pela renúncia, primeiro do Cristo, depois dos 12 discípulos, que foram leais a visão.

Lembre-se sempre: a lealdade é o valor-mestre enobrecedor da alma humana. Quem é leal é capaz de fazer alianças e manter parcerias de sonhos numa construção infinita de sucesso!

Embora, estejam fragilizados na sociedade, valores como a lealdade e a empatia - pois cada um parece tirar proveito de tudo nas relações - ouse ser leal. Seja empático e acredite no outro, mesmo assim.

Seja o exemplo de transformação do mundo de fora e de dentro; do mundo seu e do outro. A lealdade e a empatia são valores imprescindíveis para um mundo melhor. Viva a lealdade, plantando um jardim na alma humana mesmo em meio às crises.

Se desejares, sinceramente, realizar teus sonhos, comece fazendo alianças, construindo relacionamentos, sendo leal com aqueles que te cercam. Faça uma parceria de sonhos na construção da ponte da fidelidade. Invista em relacionamentos saudáveis. Na estrada da vida há muita esperança e quem você encontra em sua caminhada, numa relação de confiança, afinidades, intimidade e confidencialidades pode ser a porta na realização de seus sonhos. Sonhem juntos!

Geralmente, os compradores de sonhos são pessoas apaixonadas pela vida e possuidores de uma sensibilidade surpreendente. São capazes de parar para ouvir, de olhar nos olhos de quem sonha e de pegar junto no arado de quem semeia! Ainda é possível encontrar pessoas assim no mundo. Ao encontrá-las, junte-se a elas! Semeie esperança! Colha realizações! Transforme o mundo que te cerca e cerque o mundo que te transforma. Nada pode derrotar uma geração de sonhadores, cultivadores da esperança e da ajuda mútua. Insista num mundo melhor. Realize algo em prol da paz. Realize seus sonhos e ajude na realização do sonho do outro, pois, grande parte de nossos sonhos coexiste no outro. Crie uma sociedade dos poetas vivos! Que sejam apaixonados pela vida e pelos sonhos! Compre os sonhos deles e permita que eles comprem os seus, numa afinidade sem fim!

Compradores de sonhos são anjos que encontramos no Caminho da Existência. Eles existem e estão por toda parte. Basta abrir um sorriso, estender a mão ou oferecer um abraço. Porque olhos que enxergam são comuns; olhos que vêm são raros; basta oferecer os ouvidos e o coração para suas histórias e descobrirá que compradores de sonhos são presentes que a vida nos deu e que a gente soube perceber e receber; são amigos de verdade que encontramos quando tudo em nossa volta parece mentira.

Ninguém nessa vida realiza nada sozinho. Portanto, agregue pessoas em torno de seus ideais. Realize tarefas na construção de seus objetivos de vida firmadas em parcerias leais. Mas, seja construtor com elas, também. Some no projeto de vida delas, num ciclo de reciprocidade. A lealdade é um caminho para a realização. Não há realização mais profícua do que aquela que está fundamentada na reciprocidade e nos valores da lealdade e da fidelidade.

REALIZAÇÃO PESSOAL

Realizar é a obra prima da vida. A vida cumpre o seu propósito na realização. Deus, o Criador, como relatado em *Gênesis*, realiza-se na Criação. Criar, realizar e apreciar o fruto de seu trabalho sempre fez parte da natureza Divina. *"...E criou Deus, a Luz; e viu que a Luz era boa."*(Gn.1.3,4.) Ele apreciava sua criação e realizava-se nela. Debruçava-se sobre o fazer num processo de realização pessoal, mas, sonhando principalmente, com a humanidade. Embora, ao criar o mundo e o Universo, Deus o Criador satisfazia-se em cada ato, o Seu propósito maior cumpriu-se no homem, como obra prima de sua criação, quando lhe confiou o Éden, num projeto que alcançaria a humanidade por toda a Eternidade.

Embora se busque no campo pessoal, a maior realização, só acontece, de fato, quando ajudamos o outro a realizar-se. Nesse processo percebemos que somos atingidos pelos raios das benesses de ajudar o outro, de modo que quando ajudo a realizar sou realizado, também.

A realização é um ciclo que envolve o pessoal, o profissional e o emocional. Ela acontece de modo vertical e horizontal e, por isso é transversal.

REALIZAÇÃO VERTICAL

A verdadeira e completa realização só acontece quando nos realizamos por dentro. É preciso organizar o mundo de dentro para encontrar o mundo de fora. Quem não sabe o caminho como poderá chegar ao destino? Todo projeto de conquista, primeiro teve que nascer dentro de uma mente inconformada, transformada pela renovação de um novo entendimento.

A realização de um sonho e a busca pelas realizações da vida é um processo parecido com a gravidez. Primeiro há um planejamento, depois é preciso entender que há um tempo para acontecer as coisas. E, nesse processo deve acontecer a preparação, a dedicação e o apego ao sonho desejado, acreditando que a natureza desses esforços produza a devida formação e maturidade embrionária até a concepção; Portanto, engravide-se das possibilidades. Acredite em seus projetos, mesmo embrionários. Todos os projetos e realizações, seres e movimentos que temos no mundo visível e invisível vieram do vazio existencial de um mundo sem forma e sem cor, até se concretizar pela força da fé, da determinação, da esperança e da resiliência necessária.

Desafie-se a si mesmo às grandes realizações por meio do autoconhecimento, da autorrealização, da perseverança e da resiliência. Acredite: um grão de mostarda se torna uma árvore grande e capaz de acolher uma população de aves das mais altas nuvens, conforme disse Jesus nos Evangelhos. (Mt.13.31-32)

REALIZAÇÃO HORIZONTAL

Quando lançamos mão para a realização de nossos projetos precisamos entender quais as suas dimensões e raio de alcance. A maior realização é aquela capaz de atingir outras pessoas numa esfera maior. Quando aquilo que realizo é capaz de promover outras realizações, na vida de outras pessoas, ajudando-as na realização de seus próprios sonhos, numa dimensão horizontal, então posso dizer que a verdadeira realização acontece.

Assim como a natureza multiplica seu ciclo de vida por meio da biodiversidade, realizando-se em ciclos, do mesmo modo as pessoas tornam-se infinitamente mais felizes e completas quando suas realizações atingem as realizações de outrem num ciclo de prosperidade eterna. Quando isso acontece, as nossas realizações promovem mudanças extraordinárias no mundo!

O egoísmo é o principal motivo da derrota, e a soberba a razão pela qual muitas pessoas visivelmente poderosas sucumbem. No mundo físico quem não usa a prosperidade e o conhecimento para promover o crescimento de outros, multiplicando o ciclo de prosperidade e riqueza está fadado ao fracasso, mais cedo ou mais tarde. A maior realização é ser participante do horizonte da vida de alguém, fazendo-o prosperar. Enquanto sonho, prospero e realizo, torno-me como semente, quando atinjo outros horizontes de vida, num ciclo infinito de realizações e prosperidades.

Deixe que a luz do brilho de suas realizações possa atingir muitos horizontes sonhadores. Seja como o sol, brilhe no horizonte do mundo de alguém.

CAPÍTULO 3

CELEBRE SUAS REALIZAÇÕES

A maior realização é celebrar as realizações. Pior do que não realizar é não celebrar o que se realizou. Se conseguir realizar, celebre! Junte pessoas, ofereça um banquete! Dedique suas conquistas a quem lutou do seu lado! Coloque uma lâmpada bem acesa num lugar bem alto!

Jesus, o Cristo de Deus, disse em uma de suas parábolas que a candeia acesa precisa ser colocada num lugar bem alto, no velador; Ele deseja que a luz de nossas realizações e do nosso sucesso espiritual, emocional, material e pessoal, brilhe diante dos homens, numa imensa celebração. Acredite: você é a candeia acesa para iluminar o caminho desta geração!

Então, celebre suas realizações. Convide as pessoas que você ama para celebrar com você. Reuna os que estão perto, busque os que estão longe e faça um banquete de suas conquistas. Mostre o quanto foi importante eles terem feito parte de suas lutas e o quanto foram fundamentais em suas batalhas. Porque a realização de um sonho só tem sentido quando é celebrada.

Convide para celebrar suas conquistas aqueles que foram fundamentais em suas idealizações. Celebre com eles seus sucessos pessoais e profissionais.

Realizar é um processo que envolve sempre o outro. Você pode ser o maior construtor, o mais brilhante cientista ou o mais conceituado arquiteto;

pode construir um arranha-céu ou projetar e lançar em alto mar, o mais colossal navio e, com isto, conquistar reinos e mares, mas, se não entender que a glória de tuas realizações não mora no mero ato de construir, mas, no valor de celebrar seus feitos, com quem você ama e consigo mesmo, verás que tudo não passou de ocupações, sem nenhuma realização! A essência da realização é a celebração! Celebre cada realização como se fosse a única de sua vida!

Somos o século da era digital, da tecnologia e da velocidade; mas, temos deixado de avançar, no campo da emoção e da alma. Numericamente, temos celebrado tantos feitos e realizações no campo do conhecimento, da multiplicação científica, das descobertas esplêndidas e gloriosas, mas temos naufragado em nossas relações interpessoais. Cada um se tranca em seu próprio mundo! Cercamos a vida, com muros de incertezas e desesperanças, ao construirmos impérios de ostentações pessoais no campo do EU, que só servem para sufocar nossa própria alma; Ah, se ao invés de construirmos muros, construíssemos mais pontes - para unir cada ideal de vida, celebrar cada caminho encontrado, realizando cada sonho impossível!

Quando celebramos nossas conquistas e reconhecemos a importância daqueles que fizeram parte delas, a gratidão e seus frutos se manifestam em nós espalhando ainda mais suas sementes. Logo, a nossa colheita se multiplicará como resultado no mundo espiritual e físico.

CELEBRE EM FAMÍLIA SUAS CONQUISTAS

A família é uma entidade social e espiritual composta de entes que cooperam entre si. Ela existe para a reprodução, a unidade, o fortalecimento, o apoio e o acalento. A família é o berço e a fábrica de esperança para um mundo melhor, contribuindo de modo significativo para as realizações de sonhos em potencial.

Nenhuma organização tem mais valor e força do que a família! Mas, precisa reconhecer-se na atualidade como provedora de uma sociedade mais consciente e transformadora. Como é bela a obra físico-espiritual da família consciente de sua missão, que se envolve na realização dos sonhos de seus membros, dando prova de seu papel e contribuição enquanto progenitora.

Família são seres que cooperam entre si! Mas, não é o que se tem visto na prática, atualmente. Vemos com tristeza que as famílias não têm se unido em prol de contribuírem para a promoção da esperança de dias melhores de seus entes na realização de suas conquistas e sonhos. E o resultado tem sido uma família cada vez mais fragilizada e desagregada, preferindo os seus membros trancar-se no seu mundo, nos quartos de suas emoções e nas caixinhas do EU de suas histórias, sem dividir suas conquistas, lutas e momentos.

É tempo de cada ente familiar reconhecer, valorizar e assumir papéis no seio da família. A mãe como mulher sábia precisa entender que é possuidora da sabedoria para aconselhar e instruir seus filhos onde seus filhos possam crescer fortes encontrando num abraço de confiança a inspiração para a vida. É tempo de uma participação, mais efetiva dos pais na realização dos sonhos de seus filhos!

Infelizmente, muitos pais amargam suas vidas em profundas decepções pelos filhos. São pais que "patrocinam" a vida e os sonhos de seus filhos, mas, nunca recebem o devido reconhecimento, nem tampouco o merecido respeito; talvez por não entenderem o seu real papel nem por serem reconhecidos nele.

Os pais cumprem um papel fundamental no direcionamento dos filhos na busca de suas realizações. Por isso, precisam entender que a verdadeira educação dos filhos deve passar pela formação de valores e de uma consciência de modo a promovê-los na vida em qualquer estágio, mesmo em meio às frustrações e perdas, tornando-os mais preparados como autores de suas próprias histórias. A educação de filhos melhores promoverá uma geração protagonista de sonhadores e conquistadores que aprenderam a vencer porque passaram pela escola da humildade e da resiliência de modo a construírem histórias de sucesso pessoal, profissional, intelectual e espiritual.

Os filhos precisam aprender que o segredo para o sucesso na vida está entrelaçado com o respeito e a honra devida aos seus pais. No mandamento divino, na lei judaica e nos ensinamentos cristãos, honrar pai e mãe é o primeiro mandamento com promessa. *"Honra teu pai e tua mãe, para que se prolonguem os teus dias e para que te vá bem na terra."* (Ef.6.1-3). Por outro lado, os pais precisam entender que são provedores do lar e que não devem provocar a ira de seus filhos.

Que as famílias sejam banquetes de realizações e ninhos de infinitas alegrias! Que a cada dia ao cercar a mesa, no café da manhã, no almoço ou no jantar possam aprender o feliz sentido de conjugar o verbo REALIZAR.

CAPÍTULO 4

AGRADECER

"A gratidão é a medida do ser humano..."

Por que a gratidão deve fazer parte de nosso comportamento diante da vida? Porque a vida é uma via de mão dupla. A gratidão é um caminho de mão dupla que abrimos em nós. Quem é agradecido, conhece o caminho das idas e voltas que a vida dá.

Na mesma proporção que nos tornamos agradecidos, somos agraciados. Sem dúvida, a gratidão é um dos mais nobres sentimentos do ser humano.

A ingratidão é o grande infortúnio da vida. Como o mundo esta carente de gratidão! Vivemos numa sociedade cada vez mais ingrata como consequência da supervalorização do ego, como resultado da exaltação do TER em detrimento ao SER. Muitas vezes as influências de padrões comportamentais e sociais ditadas pelas redes sociais e mídias têm levado pessoas das mais diferentes faixas etárias e níveis sociais, a um padrão de vida ostensivo e ostentativo, consequentemente, longe dos valores de humildade, afeição e gratidão.

Muitos são aqueles que buscam realizar seus projetos, traçar suas metas, sem, contudo, atentar para o valor e a devida importância da gratidão. Gratidão é algo emergente no mundo de hoje. Ela é a chave que abre as portas das oportunidades em diferentes níveis. A gratidão precisa fazer parte das páginas escritas em nossas histórias de vida. Precisa ser uma pausa, uma vírgula ou um ponto em nossas histórias de sucesso. Não há nada mais frustrante para o ser humano do que a ingratidão sofrida. Nada é mais triste do que fazer parte da realização dos sonhos ou de ideais de vida de alguém, tendo a oportunidade, de certa forma, na concretização de um projeto até alcançar sucesso e, depois ser esquecido e ignorado. Como é triste um coração soberbo!

Gratidão é uma virtude que precisa ser desenvolvida na atualidade. Precisamos de uma geração mais grata. Como é feliz um coração sincero, sensível e grato. Precisamos conjugar o verbo agradecer em nosso dia a dia, nas relações de amizades e em nossas convivências. Como é triste, constatarmos às vezes, a ingratidão sofrida pelos pais. Não há nada que decepcione mais do que um filho ingrato, que não sabe agradecer nem mesmo pelo alimento que recebe na mesa, pela roupa limpa que veste ou mesmo pelo cuidado da mãe nos afazeres domésticos. A consequência de tudo isso é uma sociedade cada vez mais endurecida, incomunicável e sem nenhuma prosperidade.

A medida do ser humano não é o seu poder aquisitivo, os dígitos do saldo de sua conta bancária, os bens que possuí, a posição social ou o seu diploma de faculdade. Sem dúvida, a gratidão é a medida do ser humano! Acredite: o seu sucesso tem a medida de sua gratidão. Um espírito grato será próspero na sociedade. A humildade, sem dúvida, é o caminho da gratidão. Felizes os que trilham este caminho – desfrutarão de uma vida próspera e de paz interior, mesmo em meio às guerras e escassez.

Muitas vezes esperamos realizar grandes feitos para celebrar em gratidão; queremos receber mais do que sonhamos para então agradecer. A festa precisa valer o presente, pensamos. Mas, nos enganamos, outra vez, pois os frutos da gratidão sempre se manifestarão nas pequenas coisas. Uma farta colheita é resultado de pequenos grãos lançados na terra. As muitas toneladas de grãos colhidos pelo agricultor, numa lavoura, são resultados da plantação de pequenos grãos que foram lançados no chão. Agradeça pela semente, que a colheita virá! Lança teu pão sobre as águas porque depois de muitos dias, o achará. Deus é o lavrador que dá a semente ao que semeia! Assim, manifesta-se a obra da gratidão no mundo.

Não espere sua semente germinar e dar muitas outras sementes para agradecer. Agradeça por uma única semente lançada em terra fértil, pois, dali brotará o sustento de amanhã. Agradeça primeiro pela oportunidade de plantar e à medida que sua semente e sua lavoura é edificada, continue agradecendo, e logo verá que os resultados virão.

Agradeça por quem você tem; agradeça pelo que tens e por aqueles que a vida te deu de presente. Olhe ao seu lado e observe quem você tem do seu lado! Quem faz parte de seu processo de vida? Quais fazem parte de suas páginas já escritas em sua vida? Que contribuição e que papéis elas desempenharam em sua vida? Faça da gratidão a sua oração diária – em gestos, palavras, atitudes e reflexões.

Logo, ao amanhecer ao invés de pedir, agradeça. Agradeça por tudo que você já realizou, pois, aquilo que realizamos é a prova de que aquilo que sonhamos logo se concretizará. O que realizamos hoje é a prova mais concreta de que os nossos sonhos estão se realizando. Agradeça, também, por aquilo que ainda não foi realizado, pois, tudo tem seu tempo e propósito.

Experimente uma vida de gratidão e verás que a tua grandeza será do tamanho de tua gratidão. Um ser humano agradecido é próspero em tudo que faz é grande em tudo que realiza. Acredite: até aquilo que não consegues realizar, se projetares com espírito de gratidão, contribuirá para o seu sucesso, mais cedo ou mais tarde!

GRATIDÃO – A CHAVE DA REALIZAÇÃO

Quando somos agradecidos todas as coisas contribuem para o nosso bem, mesmo aquelas que parecem infortúnios. Já perceberam que as pessoas mais agradecidas são sempre as mais prósperas? Não se trata de possuir maior patrimônio. Estou falando do verdadeiro sentido de ser próspero e da verdadeira prosperidade. A verdadeira prosperidade é aquela dos tesouros da alma, que estão escondidos na eternidade e no Reino de Deus! Não se trata de possuir o melhor emprego, ter concluído o melhor curso universitário, ser empresário de sucesso ou ter um camaro amarelo. Trata-se de possuir tudo sem nada possuir. Porque a verdadeira prosperidade é fruto de um coração agradecido que entendeu que o mais rico não é o que possui maior patrimônio, mas, aquele que administra mais em prol de todos! O simples fato de serem gratas e de entenderem que são apenas mordomas das riquezas eternas, tornam-nas cada vez mais ricas e prósperas! Essas pessoas descobriram que a gratidão é a chave para a realização, o sucesso e a felicidade.

Quando uma pessoa se torna agradecida ela aciona a seu favor um mundo de possibilidades, porque descobre que todas as coisas estão cooperando para a realização de seus sonhos.

Portanto, uma pessoa grata é aquela que aprendeu a se manter firme em qualquer situação - seja favorável ou não, convicta de que mesmo aquela que parece não favorecer, também, é indispensável como parte do processo de realização de seus sonhos! O sucesso de nossas realizações começa quando entendemos o valor de agradecer por tudo e por todos que fazem parte do ciclo de nossa história.

Não há nada mais trágico do que uma pessoa ingrata, murmuradora e maldizente. Agradecer por aquilo que está dando certo é fácil, difícil é manter-se grato mesmo em meio às adversidades que parecem não contribuir para o sucesso de nossos projetos. Mas é necessário manter-se grato! Como é feliz aquele que aprendeu a agradecer em todo o tempo - pelas conquistas ou pelas provações.

A gratidão sempre será a chave da realização! Mesmo quando aquilo que realizamos parece não dar certo, acabará por contribuir para que outras possam ser inseridas e aprendidas no processo. E, ao constatarmos o quanto crescemos, mesmo em meio ao aparente fracasso, nada nos resta, a não ser nos rendermos em infinita oração de agradecimento. Vale a pena ser grato!

AGRADECER É TUDO

Manter uma postura de gratidão diante das pessoas, do mundo e dos acontecimentos não é só uma questão de formação de valores espirituais, mas também de educação. Desde a infância quando aprendemos as primeiras palavras, "obrigado" já estava entre elas. Agradecer faz parte da educação maternal, do lar, da família. Envolve valores e educação. Agradecer é tudo!

Ser grato é ter a consciência de que não somos autossuficientes, mas dependentes uns dos outros. A gratidão é uma atitude de quem não se tornou escravo do eu, mas, de quem aprendeu a dividir, desde cedo, um favor, um gesto recebido ou doado.

Gratidão é uma lição para a vida inteira. O agradecido possui as sementes espalhadas no tempo, cujos frutos são apreciados e compartilhados por gerações; As obras de um coração agradecido são páginas escritas e lidas no curso da vida. A gratidão é um é um livro aberto a ensinar no silêncio das palavras. Pessoas gratas são as mais felizes porque escolheram não levar o peso da ingratidão, nem carregar o fardo do orgulho; descobriram o leve caminho da humildade e por isso são mais felizes. Quem é agradecido é mais feliz! Quem é grato é mais realizado.

Uma pessoa agradecida é uma fonte de paz e equilíbrio, pois, sempre se mantêm firme em seus ideais porque compreende que um espírito agradecido e voluntário é a base para a formação humana.

AGRADECER E AGRADAR

A semelhança entre o verbo agradecer e agradar não é apenas gramatical, mas, também, filosófica e poética. O agradecido é aquele ser radiantemente agradável sendo agradado, também, por aqueles que o cercam. É comum notarmos que aquelas pessoas mais agradecidas são as que mais procuram, também, agradar.

Agradar é um ato espontâneo e voluntário do agradecido. Quem tem um coração grato procura agradar. A retribuição de um coração agradecido é manifestada através de um gesto ou de uma doação qualquer; o coração agradecido pode manifestar sua gratidão por meio de uma oração, num abraço, numa palavra de carinho ou numa simples lembrança ao presentear.

Quando agradeço e retribuo, libero ao solo da providência divina sementes da prosperidade e da felicidade! Os tesouros das riquezas infinitas e eternas se abrem quando acionados pela chave da gratidão e da retribuição.

CAPÍTULO 5

AMAR

"O amor é o suplemento da vida..."

O amor é o suplemento da vida e a maior força do Universo; o amor é o combustível necessário para que os homens sigam sonhando. Não há nada que o amor não possa fazer – ele é a força motriz do mundo. O amor é capaz de restaurar um sonho perdido, unindo distâncias. Só o amor constrói; só o amor restaura; Só o amor é capaz de nos manter de pé e nos fazer sempre acreditar na vida!

O amor é capaz de mudar histórias, de endireitar caminhos, fazer o mais árido deserto se tornar um manancial e o mais espinhoso caminho num jardim de cores e esperança.

A minha oração é para que o mundo reaprenda a amar e que as famílias recomecem na esperança de amar. O meu desejo é que cada lar seja um celeiro de amor e que mesmo que falte alimento na despensa não falte ternura nos braços. Que ao temperar os alimentos, a mãe não se esqueça do amor! O amor é o melhor tempero.

Afinal, que valor pode existir nas mesas fartas se os corações estiverem vazios? Do que adiantaria panelas cheias se faminta estivesse a alma? A canção do amor precisa ser ouvida, novamente, em casa. O amor precisa ser cultivado, de novo, na prática de abraçar, de acolher, na mesa que a família cerca, no diálogo, na reciprocidade.

Que a primeira lição de amor seja aprendida em casa! Que os filhos possam aprender a conjugar o verbo amar na vivência, no exemplo e na resiliência dos pais; que os pais tenham força de continuar amando seus filhos até o fim de suas vidas e que ao morrerem sejam frondosas árvores de galhos e frutos a espalhar na primavera do tempo o perfume e as eternas sementes do amor de geração em geração! Tudo passa. O amor permanece.

Que o amor não seja apenas visitante. Que o amor viva em cada coração! Que seja celebrado em cada momento em família. Que os filhos sejam fontes de ternura, gratidão e retribuição a desaguar em cada gesto de respeito, num "obrigado" ou num simples copo de água fria oferecido ao pai ou à mãe ao chegarem cansados do trabalho.

Amar é a razão de viver; é a força que move os ideais e as ideias. Porque o amor é a chama que aquece e acalenta o coração na estrada da vida. O amor é o combustível da alma e a bússola que nos aponta o rumo certo. É o mais puro e nobre sentimento, cuja finalidade é a doação e a resignação do ser humano num ciclo que se locupleta na empatia e na reciprocidade do ser ao debruçar-se sobre a semente da existência.

Sinceramente, desejo mais amor ao mundo. Amor em cada amizade, nos relacionamentos de família, na convivência, no trato, nas palavras e gestos manifestados no respeito. Que o amor seja uma realidade. Que o amor possa permanecer e que cada jovem, cada criança e cada velho possa compreender, viver e oferecer em cada atitude, a sua devida retribuição.

Que o amor não caia no ócio nem no vazio da conjugação incompleta e do jugo desigual. Que ninguém se atreva a dizer "eu te amo", sem compreender o sentido prático, de finalmente, amar. Que o amor – suplemento da vida - seja vivenciado e experimentado por cada ser em todas as dimensões. Que ninguém ame sozinho. Que ninguém ame sem ser correspondido. Que o ciclo desse amor se perpetue. Que os seus frutos possam permanecer.

TEMPO DE AMAR

"Siga a Esperança e viva o amor."

Hoje é tempo de amar! Quanto mais tempo se espera para amar, mais nos tornamos a curto, médio ou longo prazo, vítimas das consequências e dos malefícios da ausência do amor. Enquanto estamos no dia chamado hoje é dia de semearmos amor, porque só podemos colher o que plantamos!

Ainda dá tempo de abraçar aquele filho que está crescendo longe do calor de seu abraço e dos abraços de sua proteção. Ele precisa do calor de seu amor para se tornar forte na vida! Ainda dá tempo de dar aquele abraço apertado e demorado em quem espera por você no alento do tempo. O tempo não volta e nem perdoa. O Presente é o maior presente da vida! Ainda dá tempo, filho, de curar as feridas que você fez em sua mãe como consequência de sua ingratidão e arrogância. Quem não honra, respeita e nem ama o ventre que foi gerado nunca terá sucesso na vida!

E, o que dizer daquele pai que você trata como se fosse o seu empregado? Ele, também, é fonte de amor que pode secar e árvore que necessita de cuidado e carinho. Amar quem nos ama não é apenas conjugação verbal ou expressão de sentimentos; mais do que isso, amar é um ato de sabedoria!

Se os amigos que você tem lhe tratassem como você os trata, como você seria tratado? Você tem sido leal com os seus amigos? A lealdade é o contrato de amor de uma amizade! Quem ama não usa as pessoas como se fossem objetos de uso descartável, que possuem um prazo de validade.

Um amigo leal e sincero é uma jóia rara neste mundo é, portanto, deve ser tratado como um diamante. Quem é leal em suas relações voa livre nas asas da esperança porque terá um futuro seguro! Não morrerá sozinho e abandonado porque um justo nunca será desamparado! Por isso, não tenha medo de amar, pois, o verdadeiro amor lança fora o medo. Abandone hoje ainda o seu orgulho e saia do cárcere de sua emoção porque há um mundo que espera por você.

Não espere para amar no leito de um hospital porque lá o tempo não pode ser marcado e, um minuto pode demorar uma eternidade ou uma eternidade pode durar apenas um segundo! Não deixe para amar amanhã porque a única certeza do amor é o tempo presente embora sejam eternas as dimensões desse amor. Não espere para dizer que ama numa cerimônia fúnebre – os mortos não podem amar nem serem amados!

Arrisque-se hoje ainda, no heróico ato de amar! Os heróis do amor são seres como você e eu, de carne, osso e coração! São heróis de verdade que se lançam nas asas da esperança num voo de fé, todos os dias; São águias de Deus no céu da existência; brilham como sol e como estrelas no firmamento.

O ódio, o rancor, o medo é a dúvida são entraves da vida. Os hospitais estão cheios porque muitas vezes esperamos as doenças da alma se manifestarem no corpo para procurar nas prateleiras de das farmácias, paliativos e remediações. Amar é a terapia e o suplemento da vida. Quem entendeu que o tempo de amar é hoje não perde tempo nem saúde com o rancor, o ódio, a raiva ou com o medo. O amor é fonte de juventude perene e de saúde acessível á todos! Deus, o Criador deu à humanidade, no mundo inteiro,

Não há ninguém por mais pobre que seja que não possa oferecer amor. Não há ninguém por mais rico que seja que não possa receber amor e repartir com o próximo. Portanto, o amor não tem cor, não tem idade, não tem divisão social, raça, credo, línguas ou nações. O amor é universal.

O amor é manifestado e pode ser encontrado na espiritualidade diária, na oração matinal, nas palavras de vida e sabedoria dos evangelhos, na gratidão, num sorriso oferecido, numa ajuda a quem procura por esperança ou num gesto de atenção na multidão.

Não faltam nas escolas melhores práticas pedagógicas. O que falta, na realidade, é a consciência da pedagogia do amor, do amor que ensina e dar limites. Falta nas escolas a presença da família, detentora dos valores enobrecedores da alma humana, primeira escola da vida, para dar continuidade no processo de educação de seus filhos! A escola, por sua vez, cumpre o papel de parceira da família na educação dos filhos, devendo os pais educá-los, primeiramente, em casa. A prática da pedagogia do amor precisa ser a lição de casa dos pais!

As pessoas cuidam de tudo na vida, porém, esquecem de cuidar do essencial, que é a vida. Em nosso planejamento diário reservamos tempo para tudo: tempo para a o trabalho, faculdade, escola, para acompanhar a bolsa de valores e para os afazeres domésticos; organizamos em nossa agenda tempo para tudo, mas, a grande maioria de nós não reserva tempo para manter um caso de amor consigo mesma! É preciso reservar tempo para a dedicação do amor próprio! Quem muito ama, precisa ser amado, primeiro por si mesmo. O mandamento de Jesus, o mestre do amor, foi que amássemos o próximo como a nós mesmos!

Amar é uma questão urgente que demanda tempo. Enquanto não priorizarmos em nossa agenda tempo para amar: nossos familiares, nossos amigos e a nós mesmos todo o tempo dado a tantos afazeres na vida será desperdício e não investimento. O tempo que reservamos para amar é o melhor investimento a curto, médio e longo prazo.

Se planejássemos mais tempo para o exercício vital da vida – amar – a vida teria mais qualidade e longevidade! Amar é o tempo mais importante da vida.

Enquanto estamos no dia chamado hoje é tempo de amar! Comece amando a si mesmo, na percepção do ser humano que você é, do papel que desempenhas e de sua importância. Primeiro, diante de Deus – o Criador, depois diante da vida, diante de si mesmo e diante das pessoas que Ele colocou em seu caminho. Busque a consciência de amar, encontre razões para amar, partindo das coisas simples e elementares da vida.

Portanto, reserve tempo para amar. Amar exige diálogo, exige compreensão, exige atenção; Amar requer cuidado, requer reciprocidade, convivência, partilha. Precisamos urgentemente reservar um tempo para amar. Quem reserva em sua agenda diária tempo para amar, dá qualidade ao tempo e ganha tempo. Tire um tempo na sua correria para amar. Ame-se. Admire-se. Ame ao próximo como a ti mesmo! Ouça músicas que enobreça o amor. Escreva poesias. Leia poesias em voz alta. Declare o seu amor à vida, a você mesmo e ao Criador numa música cantada, num louvor ou num gesto de gratidão.

Enquanto estamos no dia chamado hoje é tempo de amar! Comece amando a si mesmo, na percepção do ser humano que você é, do papel que desempenhas e de

sua importância. Primeiro, diante de Deus – o Criador
- depois diante da vida, diante de si mesmo e diante das
pessoas que Ele colocou em seu caminho. Busque a
consciência de amar, encontre razões para amar
partindo das coisas simples e elementares da vida.

Quando amamos, perdemos a noção do tempo e
das horas para viver o tempo da vida! Para quem ama a
tempo e fora de tempo, nada mais importa, nem a dor
na porta! Porque o amor tudo suporta, mesmo o tempo!

AFINAL, O QUE É O AMOR?

Mas, afinal o que é o amor? Para os poetas, o amor é o mais puro sentimento. Mesmo se formos analisá-lo do ponto de vista da semântica ainda assim, o amor em sua essência divino-humana, permanece poético e filosófico; porque o amor é fonte de vida e inspiração.

Entretanto, numa análise gramático-poética posso dizer que o amor é substantivo: comum, próprio, abstrato e concreto; o amor é ainda adjetivo e verbo ao mesmo tempo!

Independente dessas definições, o amor move a vida. O amor é como brisa. É como mar. O amor é fogo que arde e não consome. É rio de calmaria. É como o sol. É como flor. É como outono. O amor é como o inverno. O amor é verão. O amor não tem estações, pois, sobrevive ao tempo. Tudo passa mais ele permanece. O amor conhece os movimentos de rotação e translação. Porque o amor não para e nem pode parar. Tudo gira ao seu redor.

O amor é muito mais do que palavras. É atitude. É a perfeita Lei da ação-reação. O amor é vida e calor; perfume e cor.

Por que é tão difícil conceituar ou definir o amor? Porque não se aprende a amar em livros ou teorias. Aprende-se a amar, amando. Aprende-se o sentido da palavra "amor", enfrentando os desafios do dia a dia e mantendo-se equilibrado no firme propósito de amar.

O amor é um substantivo comum. Por que o amor é substantivo comum? Porque não há ninguém que não seja capaz de amar! Porque todas as pessoas merecem ser amadas. Porque amar é um dom que todo ser humano recebeu do Criador. O amor é um substantivo comum porque deve ser correspondido, compartilhado e vivenciado por todos!

O amor é um substantivo próprio! Isso mesmo. Quando o amor pode se tornar um substantivo próprio? Quando encontro alguém para chamar de amor! Quando alguém se torna meu grande amor. Quando a vida me oferece alguém para que eu possa amar sem medida. O amor pode ser um substantivo próprio quando se torna a razão de minha vida e de minha inspiração. Quando, finalmente, posso dizer: "meu amor!" - o amor torna-se substantivo próprio. Lado a lado, pronome e substantivo seguem uma linda história de amor: "meu amor!" (...)

O amor pode ser também substantivo abstrato. Porque é envolvente e atmosférico. É perceptível em suas ações e eterno em suas consequências. Ele nunca acaba! É substantivo abstrato, porque sentimos seu perfume nas horas mais difíceis, quando somos acolhidos por meio de uma oração sincera, de um abraço silencioso ou de um sorriso, num olhar bem próximo! Viva a força, abstrata força do amor!

Mas, não podemos negar que o amor seja substantivo concreto, pois, suas ações são visíveis! Seus frutos são apreciáveis! O amor enche nossos olhos de esperança pela Obra que é capaz de construir no mais profundo caos! Amor é substantivo concreto quando podemos abraçar desprovidos de preconceito. Quando podemos tocar e ser tocados com a mesma sensibilidade de uma criança! Viva o amor, concreto amor!

O amor é ainda substantivo concreto quando passa a ser uma experiência de atitudes e obras, mas, do que um sentimento, apenas. O meu desejo é que o amor seja mais vivenciado em nossos dias. Que jovens e crianças, velhos e meninos possam amar sem medida, tamanho e profundidade – seus pais, seus amigos, seus mestres, suas famílias e tudo aquilo que sonham em realizar! Que vivam intensamente suas histórias! Que escrevam livremente a poesia de suas vidas! Que amem incondicionalmente. Que façam do amor seu ideal maior.

O amor, também, é o adjetivo da vida! Porque ele dá qualidade à vida. Ele é a verdadeira qualidade de vida! Torna corações secos em fontes de mananciais. Modifica ambiente e transforma choro em riso. Acalenta a alma, curando sua dor. Oh, supremo adjetivo – o amor! Só ele é capaz de renovar nosso Ser, mudando nossas histórias!

Afinal, o que é o amor? É verbo da existência, quando conjugado no tempo Presente, na primeira pessoa do plural: "Nós amamos!" Afinal, o amor é verbo que estava no princípio com Deus – e sem Ele, nada do que foi feito se fez!

CONJUGANDO O VERBO AMAR

A multiplicação da ciência, do conhecimento, como consequência de um mundo globalizado, foi responsável pela reprodução de informações em suas diversas formas de manifestações. No entanto, parece-nos que esse mar de informações e conhecimentos, tem contribuído para a formação de uma geração cada vez mais ignorante no tocante à vida e às coisas do coração! Multiplica-se a ciência e o conhecimento sem o devido exercício da mentalidade e da espiritualidade. O que se nota é que quanto mais há informações tanto mais falta conhecimento ao mundo. O verdadeiro conhecimento e saber científico não pode embrutecer os homens, mas, lapidá-los e prepará-los para uma vida mais equilibrada que parta de uma transformação do entendimento para atitudes que sejam sábias e que produzam afetividade e amor no mundo como fruto da consciência.

A multiplicação da ciência parece ter tornado os corações insensíveis! Vivemos a era da velocidade, mas, nos perdemos no caminho da busca interior e da inteligência emocional! A busca do conhecimento e da razão parece ter nos feito errar a trilha da fé e do coração! Enquanto a população mundial quase em sua totalidade evolui na ciência e no conhecimento, retrocede nos valores essenciais à vida, na sensibilidade humana, no respeito, na afeição e no trato. Parece que estamos perdendo a trilha! Há um caminho mais excelente do que a ciência e mais alto do que o conhecimento. O amor é o verdadeiro caminho da sabedoria plena!

É preciso ensinar primeiro àqueles que estão à nossa volta, por meio de nossas atitudes e convivências que o amor é o supremo caminho – a base de todo conhecimento. Não é novidade nenhuma que a ausência deste conhecimento tem gerado os mais diferentes tipos de doenças da alma, empobrecendo, significativamente, primeiro as famílias, depois toda a sociedade e uma geração inteira. Pobres lares ricos, geradores de pobres sociedades evoluídas!

A ciência evoluiu e ocupa destaque no mundo de hoje, no entanto é necessária a busca da ciência mais excelente – o amor. É urgente ensiná-lo como regra de vida e prática aos filhos, desde os mais tenros anos, como um professor alfabetizador ensina as vogais. Mais do que isso, o meu desejo é que o amor seja ensinado ainda no colo. Que as crianças aprendam a amar, numa canção de ninar, no sorriso da mãe e no abraço do pai. Que o amor seja conjugado em todas as suas dimensões de vida, de modo recíproco e confidencial para que seja pleno.

Finalmente, que o mundo aprenda a conjugar o verbo amar no tempo presente, como consequência do passado daqueles que nos amaram e que deixaram em nós a semente deste verbo – o amor - mas, que também, tenhamos a responsabilidades de conjugá-lo num tempo futuro numa perspectiva do presente. Que sejamos multiplicadores deste verbo, semente-vida, ciência suprema e excelente caminho! Que o amor fruto do Espírito seja gerado em nós abundantemente. Que a sua semente garanta a sobrevivência das gerações.

CAPÍTULO 6

FAMÍLIA: NINHO DE AMOR SEM FIM

Em cada capítulo de nossas vidas que o Criador nos permite escrever, Ele nos dá a oportunidade de sermos protagonistas de nossas histórias. Mas, tudo começa na família e no lar e, grande parte deste enredo é consequência direta ou indireta da educação de valores e do amor recebidos no lar. O sucesso, a felicidade e as realizações são consequências dos traumas superados ou não ou do amor recebido e compartilhado no seio da família. Quando a família é ninho de amor sem fim, ela gera segurança, respeito, amizade e unidade. A família que assim procede gera filhos mais seguros, mais amáveis, melhores profissionais, estudantes, maridos e esposas, cada um desenvolvendo seguramente seus papéis sociais.

A família é a referência mais segura e duradoura do amor e da experiência de amar. O lar precisa voltar a ser fábrica de esperança e sucesso. Que cada lar seja um porto seguro, onde cada filho possa partir para a realização de seus sonhos, certo de sua capacidade, força e coragem como consequência do preparo que recebeu e como fruto de sua convivência, educação e relação de amor familiar! Que os pais possam permanecer felizes no lar - ninho de amor sem fim - esperançosos de receberem notícias de sucessos de seus filhos, com a consciência de que o dever de amar foi cumprido! De que suas lições de casa foram feitas e que se precisar voltar, o filho, que aprendeu a conjugar o verbo amar, encontrará o mesmo aconchego de amor, onde poderá amar e ser amado em todo tempo.

AMIZADE – UM AMOR QUE NUNCA MORRE

Sabe por que amigos são raros? Porque não podem ser comuns aqueles cujos valores são eternos.

Para o poeta Mário Quintana, "a amizade é um amor que nunca morre". De fato, quando é sincera a amizade é eterna. Mas, o que está acontecendo com as amizades na atualidade? Se para Quintana a amizade era um amor imortal porque amizade nos dias atuais tornou-se algo vulnerável, morrendo antes mesmo de nascerem? Talvez, o motivo dessa fragilidade deva-se à base ou raízes dessa amizade. Não dá para ter uma grande e verdadeira amizade sem gastar tempo na construção de laços afetivos. A amizade para ser eterna precisa ganhar raízes, dar flores, sombras e frutos, como uma grande árvore atemporal nas estações do ano. A verdadeira amizade é capaz de atravessar o tempo, vencer estações e mesmo assim permanecer estável.

É lamentável constatarmos que atualmente as amizades têm sido superficiais, sem raízes e frágeis, terminando na primeira crise. E, por isso, não crescem, nem estendem seus caules para oferecerem flores. São mais os falsos amigos do que os leais. Não são poucos aqueles que pelos motivos mais banais se decepcionam com suas amizades, mesmo antes de investir tempo nelas.

A amizade para ser eterna , como um amor que nunca morre, precisa ser edificada sobre o solo da lealdade, empatia, intimidade, reciprocidade e do interesse mútuo. Amigos são seres com afinidades fazendo algo em comum em qualquer momento ou tempo. O significado e o valor de uma grande amizade mora na prioridade oferecida; a prioridade recíproca é o amor verdadeiro nas relações de amizades duradouras.

O que acontece é que estamos vivendo numa época em que se descarta tudo, inclusive as pessoas. A pós- modernidade ou a modernidade líquida (BAUMAN, 1999), acabou produzindo uma geração momentânea e superficial. De modo, que é possível alguém ter cinco, dez mil ou mais seguidores nas redes sociais, sem, contudo, ter um amigo na vida real! Infelizmente, é possível que haja quem receba centenas de mensagens virtuais por ocasião de seu aniversário, por exemplo, e que não tenha sequer com quem dividir o bolo! Ou ainda é possível que alguém receba milhares de curtidas numa foto e, ainda assim não ter quem lhe dê um abraço nos momentos mais difíceis ou mais alegres de sua vida! Se é que exista, de fato, momento alegre para quem vive assim!

Estamos vivendo uma crise sem precedências nas amizades. Se o poeta Mário Quintana via na amizade um amor duradouro, que não morria jamais é preciso admitir que o que falta nas amizades atualmente é convivência, mesmo nas divergências. Amizade para ser autêntica precisa de chão e adubo; raiz e compreensão. As amizades precisam ser fecundas, dar frutos e sementes. Acima de tudo, precisa ser verdadeira e desinteresseira. É preciso qualidade e afinidade nas amizades! Pode-se dizer que a amizade é o nosso primeiro amor, depois, é claro, da ternura e compreensão que recebemos de nossos pais em nossos lares.

Quem nunca teve alguém em sua infância que era grudado em você ou em quem você era literalmente grudado? Eram como carne e unha ou carne e osso! E, depois de muito tempo, esse apego só aumentou, perfazendo toda sua infância, ganhando raízes até os dias atuais! Há um provérbio que diz que há amigos mais chegados do que irmãos!

Assim, é preciso investir tempo para que um relacionamento amadureça e se torne amizade! Uma amizade é resultado de confidencialidade, reciprocidade, respeito, tolerância e muito, muito amor!

A amizade é, sobretudo, construída sobre a base do perdão. Quem não sabe perdoar não compreende a arte divino-humana da amizade! Não pode haver amizade aonde não há perdão; Que amizade sobreviverá à incompreensão? Como posso ser amigo sendo incompreensivo? Como posso dizer que sou amigo se não tenho a sensibilidade de relevar às ofensas nem tão pouco a capacidade de se colocar no lugar do outro?

A verdadeira amizade só ganha maturidade quando atinge o nível da empatia.

Consequentemente, não há amizade sem empatia. Está cada vez mais rara empatia nos relacionamentos. Cada um quer pensar em si mesmo e em como tirar proveito do outro. Demora-se muito para entender que amizade não é contrato bancário, nem imobiliário. Amizade não é fundo de investimentos financeiros. Amizade é investimento de amor, de tempo, de perdão e compreensão. Um amigo de verdade nunca te abandona! São por essas e outras razões que a verdadeira amizade é um amor que nunca morre!

Mário Quintana tinha razão: laços tão difíceis de serem construídos, fios tão bem trabalhados de um tecelão, raízes tão profundas de árvores tão robustas e belas, a amizade só podia ser a arte e o cuidado de um amor imortal - obra do Criador!

AMOR REAL NUM MUNDO VIRTUAL

"Não quero amigos apenas virtuais/ Quero amigos reais /Sentimentos iguais...".

Como é possível amar, em tempo real numa era denominada virtual ou digital? Numa era em que as pessoas enclausuradas em seus mundos, trancafiadas em suas telas e celas, buscam relacionamentos apenas virtuais, longe da realidade, do contato e do tato? É possível amar assim? De fato, não se pode negar que a sensibilidade das telas *Touch Screen* (tela sensível ao toque) tecnologia presente nos smartphones e tablets, tem contribuído significativamente para endurecer a sensibilidade de muitos corações. Sinceramente, preferiria mil vezes a sensibilidade *Touch of skin* (Toque de pele), do que a sensibilidade das telas *Touch Screen*, desta era virtual.

Como é proveitoso o toque humano! Como é belo ver o brilho do amor nas maças rosadas do rosto da pessoa amada! Não há *selfie* capaz de retratar isso! O toque humano não é contraindicado, pode-se usar sem moderação, pois, sua radiação não prejudica a saúde.

Vivemos numa geração onde a maioria se tornou insensível. Faltam sentimentos nas palavras e afeição nos comportamentos. Vivemos num tempo em que falta sinceridade (do grego *sincerus:* sem cera; sem máscaras); Parece que o lema é sempre ostentar! Vivemos a era descartável, onde se descarta inclusive os sentimentos e a dor das pessoas, como se descarta lixo! O importante é manter e alimentar uma falsa imagem, que seja vendável e aceitável, como a exigida pela tirania da beleza e dos padrões de aceitação sociais, por exemplo.

Mas, como viver um amor real num mundo virtual? Onde o que vale é o que se mostra e não o que se vive; onde o ser humano é medido pela quantidade de curtidas que ele recebe em seu perfil nas redes sociais. Onde as pessoas não olham mais a da outra por não conseguirem tirar seus olhos da tela do celular, e nem cumprimentar pegando na mão por estarem sempre ocupados nas teclas e telas dos *smartphones.*

Não se pode negar ainda que as tecnologias e as redes sociais desempenham um papel importante nos relacionamentos pessoais e interpessoais. Por exemplo: quantas pessoas que estavam longe e até desaparecidas que foram encontradas apesar da distância! Outras que moram em países distantes que podem se comunicar diariamente com seus entes queridos, graças aos benefícios dessas ferramentas. Quando o mundo virtual é capaz de trazer quem está longe para perto e de fazer quem esta distante se aproximar, torna-se benéfico pelas possibilidades de proporcionar amor real mesmo sendo virtual.

No entanto, quantos jovens estão neste momento sentindo-se sozinhos mesmo tendo milhares de seguidores nas redes sociais! Quantas pessoas, neste exato momento queriam um amigo para compartilhar momentos e sonhos ou dividir sorrisos, mas, permanecem solitárias e isoladas mesmo estando conectadas com o mundo!

É lamentável constatarmos que ao mesmo tempo que essas ferramentas aproximaram as pessoas, de certo modo, essas mesmas pessoas, nunca estiveram tão distantes uma das outras! Parece que, quando estávamos mais distantes, éramos mais próximos; hoje que estamos mais próximos, a sensação é cada vez mais de vazio e distância, apesar de estarmos tão próximos e conectados o tempo inteiro. Mas, falta conexão e sintonia, apesar do universo de palavras e imagens virtuais, estamos cada vez mais solitários e sem ter com quem falar ou compartilhar os nossos momentos.

Doutro modo, o que poderíamos fazer para vivenciar experiências reais e presenciais num mundo quase cem por cento virtual? Quem sabe o caminho seria desconectar as ferramentas virtuais para um *"upload"* de nossos sentimentos e valores, numa reconexão com a vida original. Muitas vezes é preciso deixar descarregar a bateria de nossos *smartphones* e tabletes para que as nossas baterias emocionais sejam recarregadas da energia de um sorriso presencial, de um aperto de mão, da adrenalina de uma conversa real, pessoal, vivida a dois nas trocas de energias de um toque ou de um abraço, em momentos vividos e divididos num mesmo espaço aquém do virtual.

O uso excessivo e antiético das redes sociais ou dos canais de comunicação virtual de modo excessivo acaba por afastar as pessoas, isolando-as do mundo real, tornando-se, deste modo, maléfico, pois, neste caso contribui para o esfriamento do amor. No entanto, qual tem sido a consequência deste esfriamento? O crescimento alarmante de doenças psicossociais, por exemplo. A depressão - a causa de tantas tragédias familiares - o alto índice de suicídios e automutilação entre jovens e adolescentes e tantos outros males. Está faltando amor: está sobrando dor! Faltam-nos mais abraços – amor real num mundo virtual! Que não faltem abraços quando a esperança desfalecer nos braços.

É incalculável a distância ocasional e existencial que a tela dos *smartphones* e tabletes têm causado na alma humana. As gerações X, Y e Z uniram e aproximaram o mundo geográfico, econômico e transcultural, globalizando-o, porém, os sentimentos permaneceram vazios e distantes. As histórias carregadas de sentimentos contadas pelos nossos avós e pais revelam que aqueles que viveram numa época delimitada pelo pouco acesso aos meios de comunicação, nos tempos da carta e do telegrama eram próximos uns dos outros e de si mesmos, tendo suas almas e sentimentos mais unidos apesar das distâncias.

Os avanços tecnológicos e a multiplicação da ciência nos último anos, aceleraram a mente humana e o relógio. O conceito de tempo já não é o mesmo. E, nessa velocidade conquistamos o mundo, as galáxias, outros planetas e infinitas luzes. Mas, apesar disto, deixamos de avançar no conhecimento de nosso universo (autoconhecimento) e na conquista do coração das pessoas (empatia). Descobrimos por meio da ciência as galáxias e inúmeros seres celestes, mas perdemos a noção original dos valores e sentimentos que norteiam a vida, essencialmente. E agora, o que nos resta? Resta-nos o caminho do amor por meio da educação dos sentidos. É preciso reprogramar o relógio da alma humana, reparar cada segundo, dando sentido às horas para compreendermos o nosso semelhante e a nós mesmos! Só assim, o amor sobreviverá na era virtual: quando apagarmos a tela de nossos *smartphones* e de novo e ligarmos a tela da sensibilidade e amor em nosso *contact list*.

As nossas histórias e páginas ganham mais brilho e contraste quando vivenciadas pela tecnologia divina do *Touch of skin* (toque de pele), nos momentos de comunhão, empatia e alegrias. O verbo amar ganha mais sentido quando refletido no espelho de um olhar! É face a face que se constrói um mundo melhor e mais solidário. Creio no amor. Tenho fé no amanhã e esperança numa geração de jovens que sonham! Porque em cada sonho vejo um mundo de possibilidades marcado pelo amor entre as gerações. Porque o amor é o único sinal de dados que se conecta ao tempo da eternidade. Amar é a senha de segurança entre os desafios de uma geração e os limites da alma e da própria existência.

A conectividade entre um planeta e outro, uma geração e outra e entre um coração e outro só é possível em meio às revoluções e transformações do presente mundo se a humanidade mantiver-se conectada ao potente provedor do eterno amor, configurado na veloz conexão do *Wi-fi* divino donde podemos experimentar compartilhar e baixar todos os arquivos da sensibilidade, empatia, respeito e misericórdia. Esse é o método mais eficaz para se eternizar o amor real num mundo virtual!

PANDEMIA: DISTANCIAMENTOS, MÁSCARAS E TOQUES

A despeito do período que estamos atravessando neste momento em todo o mundo, a nova pandemia da doença causada pelo coronavírus, COVID-19 (SARS-CoV-2), que apresenta um espectro clínico variando de infecções assintomáticas a quadros graves, onde o principal meio de contágio é por meio do contato, toque do aperto de mãos, abraços ou gotículas de saliva, nos traz várias reflexões e uma delas é sobre a importância e a falta que nos faz um toque humano!

Com o objetivo de conter a pandemia em todo o mundo, normas de distanciamento foram estabelecidas pela Organização Mundial da Saúde (OMS) e o uso de máscaras de proteção tornou-se obrigatório por tempo indeterminado em locais públicos e de aglomerados. Tais procedimentos e normas têm sido, também, objeto de pesquisas e experimentos do comportamento humano no que se refere à saúde mental, às carências afetivas e suas consequências a curto, médio e longo prazo.

E, por falar em carências afetivas a pandemia do covid-19, gerou um caos nos sentimentos das pessoas do mundo inteiro, não só pelas mortes provocadas pela contaminação, mas, sobretudo, pela tragédia humana e pela frustração dos sonhos e projetos de vida, especialmente das pessoas que foram mais diretamente atingidas. E, de alguma forma, todos nós sofremos, pois, de repente, sem nenhuma previsão ou planejamento fomos obrigados a ficarmos em casa, cancelar nossas agendas e trabalhos, distantes uns dos outros, o que é pior - sem poder abraçar ou sequer apertar a mão das pessoas. As reuniões sociais, as confraternizações familiares e de amigos foram proibidas; os encontros, os cafés e rodas de conversas foram imediatamente cancelados e adiados sem previsão. Até as igrejas cancelaram seus cultos e reuniões! Tudo com o objetivo de barrar o vírus mortal. Sem dúvida esse tem sido um momento para a reflexão sobre a vida, os valores eternos e transitórios e demais aspectos do relacionamento humano.

O distanciamento tem nos ensinado o quanto é preciosa a presença física, o toque, o abraço e o calor humano. Feliz aqueles que voltarão a se encontrar, a se abraçar e desfrutar da presença um do outro! Muitos, infelizmente, não puderam nem poderão sequer participar do velório daqueles que partiram bruscamente sem tempo de um abraço ou de um toque!

E, nesse tempo de distanciamento dos que estão longe e dos que estão perto, o uso da tecnologia das redes sociais e das plataformas digitais foram recursos indispensáveis para a manutenção da saúde mental e emocional nos relacionamentos pessoais. Embora, o hábito de inclusão dessas ferramentas digitais tenha aumentado entre as pessoas não tem sido suficiente para suprir as carências afetivas deixadas pela ausência do contato físico e da comunicação "olho no olho". O isolamento físico como consequência das medidas de prevenção ao vírus pandêmico provou que apesar das plataformas digitais e virtuais suprirem em parte a ausência de afeto, de comunicação, de solidariedade e de amor, não têm sido suficiente para substituir e suprir o calor humano da presença física, do sorriso presente, do abraço real, da sensibilidade e dos sabores das palavras faladas e vistas, mastigadas e saboreadas, ouvidas e sentidas, no olho a olho, no cara a cara!

E o que falar das máscaras? Dessas feitas de

pano, às vezes coloridas, para dar um pouco de esperança e alegria ao momento.

O uso das máscaras durante a pandemia do coronavirus nos ensina algumas lições, além dos olhos e dos olhares que saltam das "máscaras" dos transeuntes. É interessante observarmos o opaco ou o brilho colorido de cada olhar dos transeuntes! Alguns brilham, revelando coragem, fé e otimismo. Outros parecem esconder o medo e a incerteza, num universo de máscaras coloridas! É salutar que a esperança salte dos olhos nas avenidas da vida aquém das máscaras coloridas! Chegou um tempo, quem diria, de olhar mais nos olhos e nos olhares! Inclusive em nossos próprios olhos! Faz quanto tempo que você não olha em seus olhos? Chegou um tempo de encarar nossas realidades, descobrir nossas igualdades e de nos despirmos das "máscaras" de nossas diferenças e fragilidades. É tempo de rebuscar e reaprender o olhar na perspectiva de entender além das falas e das palavras o que diz o coração em cada olhar!

Tomara que quando tudo isso passar a presença física das pessoas possa ter mais valor! Que o valor de um verdadeiro abraço possa ser ressignificado! Que este momento, virtual e real, possa mostrar quem sou para mim mesmo, para o outro e para a própria vida!

E, de repente, quem sabe um vírus, microscópico ser, que tem arrancado da existência tantas pessoas e mudado o rumo de tantas outras, interferindo no curso de nossas histórias possa ter contagiado e contaminado, também, nossos valores e sentimentos, de tal modo que inevitavelmente possamos amar mais, compreender mais, perdoar mais, viver mais e melhor todos os dias de nossas existências. Viva o amor! – presencial, real – infinito amor!

CAPÍTULO 7

AMAR É O CAMINHO

> "O amor é o caminho mais excelente do
> que a ciência e conhecimento e está
> acima de todos os dons."

Propositalmente, reservei os últimos capítulos deste livro para escrever sobre o verbo "amar", a fim de lembrar ao leitor de sua importância em todos os processos que envolvem a vida.

A feliz conjugação do verbo amar, em todas as suas dimensões dar-se-á em razão de nossa postura e atitude diante da vida, considerando os valores morais, sociais e divinos. É essa raiz que faz o amor permanecer. Porque as nossas obras no plano físico podem ser medidas, julgadas e até aniquiladas, mas, só o amor é transcendente e eterno. Tudo aquilo que realizamos pensando no coletivo e não na individualidade tem reflexo eterno.

É por isso que o amor é como uma semente próspera! Uma semente não existe em si mesma. Pensa e age coletivamente! Uma única semente pensa numa lavoura inteira! E, morrendo a semente, gera milhares de outras que se multiplicam em outros frutos, num ciclo sem fim.

A base de tudo o que sonhamos é a disposição que empregamos em realizar; cada um desses sonhos é consequência da chama de nossas vocações naquilo que fazemos! Os sonhos nascem das inspirações, sobrevivem da esperança, mas, se eternizam no amor, que tudo crê!

O amor é o caminho mais excelente que toda ciência! O amor é como uma casa construída sobre a rocha. Nada pode detê-la nem mesmo o vento das críticas, das perseguições, das tribulações, frustrações, decepções ou de qualquer outra natureza poderá destruí-la. Por isso aquele que ama o que faz e agrega qualidade à sua vida alcança sucesso: pessoal, profissional, espiritual e social. Aquele que emprega o melhor tempo, o maior sacrifício na busca de seus ideais, desfrutarão das alegrias de suas realizações!

O amor está acima de todo conhecimento e de todos os dons! O que moveu a Jesus, o Cristo de Deus, a fim de vir a este mundo realizar o maior projeto sonhado por Deus foi o amor! E, ninguém amou como Ele amou. Ninguém realizou uma obra tão perfeita! Ninguém sonhou tão intensamente numa perspectiva de realização eterna!

A razão pela qual há tantas frustrações nas famílias e na vida profissional e pessoal das pessoas é a ausência do sentido e da conjugação do verbo amar em sua plenitude. As pessoas buscam suas realizações, mas, numa perspectiva obsessiva, egoísta, ambiciosa, sem calor humano e sem pensar no outro. Atitudes negativas como essas tem sido uma semente desastrosa na seara das realizações.

Quando realizamos na perspectiva do amar, respeitamos as leis naturais e espirituais. Entendemos que nesta vida somos apenas mordomos do Criador e que a colheita é na mesma proporção da semeadura! A ausência dessa compreensão e a ignorância desse conhecimento têm sido responsável por uma geração de famílias desajustadas, poderes e políticas corruptíveis e uma sociedade sem nenhum compromisso com a vida e com o próximo.

A humanidade tomaria outro rumo e seria mais feliz se entendesse que o amor é o Caminho sublime e excelente da vida; Se compreendesse, finalmente, que tudo que é duradouro e próspero nesta vida é fruto direto ou indireto das obras de quem realiza amando.

O SUCESSO DE QUEM AMA

"O sucesso é principalmente reflexo de domínio das emoções."

Muitos sonhos e projetos não se realizam pela ausência de harmonia entre os entes sonhadores. E quando se realizam não cumpre o seu propósito universal: de favorecer o próximo. São realizações ostentadas no campo da altivez e da arrogância com o objetivo de dominar as pessoas em torno de si. O propósito universal da realização de tudo que projetamos e sonhamos precisa ser para o progresso infinito. Nunca para o deleite próprio, com propósito egoísta. O verdadeiro sucesso das realizações de nossos sonhos e projetos precisa ser consequência do amor e do respeito ao próximo, num ciclo de semear e colher, porque as nossas realizações passam pelo crivo da lei da semeadura.

Viver sob o prisma do amor é viver plenamente. Porque quem ama sonha alto! Nenhum sucesso sobressai ao sucesso de quem ama! Quem escolheu trilhar o caminho do amor, escolheu a senda mais feliz na vida, tornando-se autor e protagonista de sua história na mesma intensidade que é grato por tudo que realiza.

Portanto, o sucesso não está com aquele que cursou a melhor faculdade, que galgou a melhor posição num concurso; o sucesso verdadeiro e pleno não é a sorte daqueles que acumulam bens e fortunas bancárias nem tampouco é conquistar o melhor salário e ser promovido várias vezes no trabalho. O verdadeiro sucesso não é o apogeu de uma vida meramente casual, profissional ou financeira.

O sucesso é principalmente, consequência de uma vida moderada e equilibrada sob a égide do amor. O verdadeiro sucesso é consequência de felizes realizações sonhadas com amor e do reflexo de domínio de nossas emoções.

Aquele que educa suas emoções e domina suas paixões, matriculou-se na escola do sucesso pleno. O maior sucesso e realização tem como base o amor. Amar é a base de tudo.

A busca pela realização de um sonho pode formar excelentes profissionais em diversas áreas: humanas, exatas e outras; no entanto, temos visto todos os dias os mais diferentes profissionais que apesar do preparo acadêmico e de suas experiências profissionais têm cassados os seus registros e diplomas em razão do uso ilegal e indevido de suas profissões ou por corrupção direta ou indireta ou pela inobservância de suas condutas éticas. Muitos são processados judicialmente e terminam muito mal na vida profissional por não alcançarem sucesso no desempenho de seus papéis frente à realização de seus sonhos.

Essas pessoas parecem ter o mapa para o caminho do sucesso na vida! No entanto, a base da construção de suas vidas era frágil no que se refere à formação moral, espiritual e à educação de valores. A casa era boa, mas, o terreno era arenoso!

O que falta aos nossos jovens e adolescentes hoje, como base para uma sociedade mais equilibrada, não é acesso às melhores universidades, nem às escolas com as melhores propostas pedagógicas; não lhes falta um mercado de trabalho que lhes dê mais oportunidades - tudo isso seria apenas uma bela casa construída, um sonho prontamente realizado. O que lhes falta em suas construções é o cimento, o concreto e o ferro da fé, da esperança e do amor.

A família é detentora do principal papel de educar, formar e construir jovens melhores para um mundo melhor. Para tanto, precisa fazer o dever de casa na formação do caráter da criança a fim de torná-la num jovem de sucesso em suas realizações, pleno de seus deveres e consciente de seus direitos. Jovens encorajados pela esperança de mudar suas realidades a partir da descoberta de seu mundo, de sua história e do valor que possuem acima da concepção do TER em detrimento ao SER.

A inversão de valores na pós-modernidade líquida têm transformado negativamente o comportamento das pessoas. Quando a busca pelo sucesso e a realização de projetos pessoais se torna insana e inconsciente o preço e o resultado tem sido desastroso! Essa inversão de valores éticos e morais na sociedade como fruto de mentes sombrias e doentias numa perspectiva de domínio, tem gerado uma cultura infame de querer se dar bem a qualquer custo, de puxar o tapete do outro, fazer do outro escada para a realização de malévolos ideais. E, esse exemplo de sucesso e realizações se tornam frutos ostentações e vaidades e não de um viver simples na perspectiva de ajudar o outro, num processo de realizar e ser realizado na mesma medida do agradecimento. Como estamos precisando de mais inteligência emocional em nossas realizações, em nosso dia a dia.

Entretanto, há um caminho superior e mais excelente; mais alto do que a ciência. O amor está acima de todos os dons e talentos. Por isso, quem ama atinge sucesso em todas as áreas de sua vida!

A vida, de fato, resume-se em quatro verbos: Sonhar, Realizar, Agradecer e Amar; mas, amar é o maior de todos os verbos. Porque somente quem ama é capaz de sonhar sem perder a esperança e a fé. Quem ama realiza com qualidade e durabilidade. Quem ama não faz do próximo tapete, mas, entende que a vida é uma via de mão dupla e tudo é resultado de nossas atitudes e de nossa gratidão diante dos acontecimentos que a envolvem. Portanto, não se engane, a lei da semeadura é uma realidade no campo de nossas realizações.

VERBALIZAR É PRECISO

A comunicação é a mais importante arte da vida. Comunicar é uma das necessidades mais essencial para a sobrevivência humana. A falta de comunicação adoece as pessoas e entristece a alma humana. No mundo inteiro a ausência da comunicação e a necessidade urgente de diálogo tem sido a causa da infelicidade e aumento de doenças psicossomáticas de milhares de pessoas em todas as faixas etárias. A comunicação, o diálogo e uma boa conversa são terapias indispensáveis à vida. Se as pessoas se comunicassem e procurassem se entender mais em suas falas e vozes, muitos problemas de saúde seriam evitados; muitos dramas humanos seriam superados. Comunicar é o melhor remédio.

Destarte, numa época em que a comunicação ganhou velocidade por meio das ferramentas digitais e das redes sociais, nunca houve tanta ausência da verbalização humana, na comunicação olho no olho! Ampliamos as nossas possibilidades de comunicação sem o calor da verbalização e sem a cor e o sabor das palavras ditas frente a frente, numa xícara de café! Uma boa conversa presencial é como a chuva para a vegetação. Uma boa conversa faz reverdecer a vida!

Afirmar que falta comunicação no mundo na era da velocidade e da comunicação digital, onde o mundo está interligado e as informações se espalham como vírus, parece um contrassenso. Entretanto, comunicação não é informação, nem mensagens escritas, decodificadas, verbalizadas ou expressa de alguma forma. Comunicação é a compreensão do mundo do outro pela experiência da empatia.

Comunicar é a arte de descobrir o mundo do outro a partir do conhecimento e domínio de seu próprio mundo!

Quando compreendo o mundo do outro a partir da experiência com o mundo cosmo e passo a perceber a grandeza de cada detalhe da vida ao meu redor numa conexão com o conhecimento que tenho de mim mesmo, posso finalmente comunicar-me eficaz e plenamente.

A comunicação acontece antes da verbalização. Ela passa pelo ciclo do autoconhecimento e da empatia. A comunicação começa na introspecção e se concretiza na verbalização. A comunicação escrita e de símbolos não pode suprimir nem substituir a comunicação falada, verbal, das palavras audíveis, do tato e dos sons. Essa comunicação acalma os mares da vida e adestra a alma humana!

Verbalizar é a forma mais inteligente de viver! Falar e ouvir são exercícios eficazes de superação dos conflitos internos e externos. Precisamos de mais palavras em nossos momentos! Que os nossos momentos sejam sempre convites para a verbalização da vida! Que tenhamos mais café com palavras! Que as pessoas possam fazer convites umas às outras para tomarem uma xícara de café, pelo simples prazer de verbalizar seus sonhos, contar suas realizações, fazer seus agradecimentos ou simplesmente externarem seu amor em cada gole de café. Que possam dizer cada vez mais: – "Vamos tomar um cafezinho?" – só pela nobre causa de verbalizem momentos!

Como os relacionamentos estão vazios de diálogos! É preciso cozinhar as palavras em chamas de sentimentos. Dar mais sabor nas convivências. É preciso temperar a vida com a arte de cozinhar bem as palavras. As palavras precisam ser servidas na mesma temperatura que servimos os alimentos na mesa. Assim como o alimento faz bem ao corpo, comunicar ou verbalizar faz bem à alma! Quantas pessoas estão doentes porque lhes faltam diálogos e momentos!

Entretanto, apenas verbalizar não é suficiente. É vital estabelecer harmonia entre as palavras e os sentimentos; entre as diferenças e o respeito. É preciso aprender primeiro ouvir, porque a comunicação perfeita é consequência de quem aprendeu ouvir e enxergar. É preciso educar os sentidos na expectativa de comunicar ou verbalizar os sentimentos, gerar esperança de dias melhores para homens melhores. É no exercício de verbalizar e expressar os sentimentos que se aprende a amar.

Definitivamente, não teremos sucesso na conjugação da vida, se não aprendermos a importância e a urgência da comunicação intra e interpessoal. Não há vida de sucesso sem comunicação; até a natureza comunica-se, verbalizando sons e movimentos; nuances e diversidades; ciclos e estações. Até mesmo Deus, o Criador, quis verbalizar no Éden - berço da Criação - seus ideais e sonhos para o homem. Ele visitava o homem e a mulher, todos os dias, com o único propósito de conversar com eles! Porque verbalizar é preciso e é essencial à vida. Muitas tragédias e frustrações seriam facilmente evitadas se as palavras vencessem o silêncio do orgulho!

CAPÍTULO 8

RAZÕES PARA VIVER

"A porta da mudança só abre por dentro."

O grande desafio desta geração, sem dúvida, é encontrar de novo, o caminho do encanto pela vida! Vivemos numa crise de entusiasmo e esperança sem precedência. Esta geração perdeu a fé e a esperança na vida. Uma geração de jovens que não sonha está condenada a desaparecer prematuramente.

Anualmente, não são poucos os jovens que morrem em todo o mundo vítimas de suas frustrações e crises existenciais por procurarem nas drogas, crimes e todo tipo de violência, refúgio para suas ansiedades, medos e inseguranças. Vivemos uma crise de identidade como nunca antes! O preço que a ditadura da beleza e a pós-modernidade trouxe aos nossos jovens é alto demais! O consumismo e a ostentação dos padrões sociais e as cobranças desses padrões têm supervalorizado o ego humano, numa cultura desenfreada, onde o TER é mais importante do que o SER e, isso tem custado um elevado preço emocional à milhares de jovens que vítimas de exclusões e de todo tipo de frustrações mergulham, dissolutamente no submundo das drogas.

Há estudos que provam que o motivo de tantas frustrações e os alarmantes índices de violências e até suicídios entre jovens, têm sido consequências de uma ditadura de padrões e inversão de valores como nunca houve! É urgente conversarmos sobre o que realmente importa na vida! A vida precisa ser a maior essência de quem vive. É preciso devolver a esta geração o encanto pela vida e o sentido de viver não pelas coisas, mas, pelo simples prazer de viver! Viver é a maior razão de viver!

Para isso é preciso formar um rede de multiplicadores da esperança e semeadores da paz, que estejam dispostos a ensinar a arte de viver pela essência de amar, onde as verdadeiras convicções e motivações nos levam às reais fontes de vida, onde o SER é mais importante do que o TER. E, nesse processo é preciso aprender ainda que o tempo é importante na realização dos sonhos e que é preciso aquietar o coração na estrada da vida, porque o maior sonho para realizar é viver acima de tudo! A vida é um sonho que não pode ser frustrado!

É tempo de plantar esperança no solo da fé a fim de procurar em meio ao caos da atualidade as sementes que produzirão um jardim de razões para viver! É tempo de pensarmos na vida com foco na inteligência emocional e no equilíbrio. Só encontramos, de fato, razões para viver quando buscamos alinhamento para corpo, alma e espírito na dimensão da vida!

Ainda dá tempo de formarmos uma geração de jovens e adolescentes que possam aprender a lidar com as perdas e as vitórias! Que possa aprender que o não, também, faz parte da vida e que as consequências de um sim, muitas vezes podem ser mais trágicas do que a sonora voz de um não!

A vida nos desafia a tantas mudanças que a maior delas é mudar a nós mesmos; o mundo muda quando eu mudo. A porta da mudança só abre por dentro. A verdadeira mudança e transformação para um novo viver parte da atitude e da compreensão de que eu sou a chave que abre e fecha todas as portas! A atitude para mudar seu mundo é sua. Quando mudamos o nosso mundo o mundo em nossa volta, muda. Abra ainda hoje o seu coração para as suas realizações e projetos. Deus, o Criador, não te fez nascer para o fracasso, mas, para o sucesso. Saia do cárcere de suas frustrações e voe as alturas de teus sonhos. Você é águia de Deus.

SONHE, REALIZE, AGRADEÇA E AME

A vida é mais colorida e prazerosa quando passamos a entender que ela está dividida em ciclos e que cada etapa é importante e precisa ser uma experiência intensa. Sem esperança e perseverança não há vida plena. É preciso fé e convicção independente dos resultados para alcançar sucesso na vida.

O que essencialmente importa na vida é cumprir cada etapa com o devido equilíbrio, entendendo que o maior sucesso da vida não são os bens que acumulamos ao longo de nossas trajetórias, mas, as proezas que realizamos como fruto de nossa dedicação e trabalho sem deixar perder pelo caminho a ternura, a alegria, a resiliência, a fidelidade e a lealdade – "guarde o que tens para que ninguém tome a tua coroa". O verdadeiro sucesso não é necessariamente ter uma conta bancária razoável, possuir propriedades, mas, acima de tudo temer a Deus, apartar-se do mal e ter um coração agradecido, atitudes nobres no dia a dia e, principalmente, ser justo na relação com o próximo.

Os sonhos movem a vida, portanto, sonhe muito e lute para realizar cada sonho, honestamente, sem atropelar ninguém. Quem acumula riquezas ou ostenta um padrão de vida desonesta facilmente cairá em ruína e desgraça eterna!

Geralmente os jovens confundem realização de sonhos e sucesso na vida com ostentação de riquezas e bem materiais mesmo que seja de origem duvidosa. No entanto, é preciso entender que sem a devida formação ou correção de caráter, sem um viver honesto pautado principalmente no respeito ao próximo tudo não passa de ilusão e castelos de areia!

Os sonhos passam pelo processo do amadurecimento e pela pedagogia do tempo antes de se realizarem. Os desafios a serem superados na realização de nossos sonhos e projetos são escolas divinas nas quais somos preparados para administrá-los. Quem não entende o tempo não conhece o valor das coisas. Quem não é provado o suficiente para alcançar os seus objetivos ou receber algum bem ou posse não adquirirá a sabedoria necessária para o sucesso de suas realizações. Esta é a razão pela de muitas pessoas até alcançam parte de seus objetivos, mas não são capazes de conduzi-los no sucesso devido do tempo.

Quando assumimos o poder ou tomamos posse de algo sem entender o valor da gratidão nos tornamos ditadores e cruéis. Só administra bem os seus sonhos e realiza com sucesso os seus projetos com a devida felicidade aquele que cresceu e se formou na escola da gratidão. Porque o poder sem a afeição transforma homens em dominadores, mas, a gratidão e a humildade os tornam herdeiros da felicidade, colecionadores de medalhas, poetas da vida e inspiradores de sonhos!

Jesus, o Verbo da vida, o maior exemplo de realização, domínio e força, veio estabelecer Seu Reino no coração dos mansos e humildes e daqueles que podiam crer. Para isso, foi necessário cumprir no lugar do homem toda a Lei, pelo exercício prático da lei maior – o amor. Mesmo sendo Rei e Senhor preferiu servir o tempo todo e por isso, dominou para sempre. Sua mensagem alcançou o mundo, atravessou milênios e ainda permanece viva no coração de quem ama.

Sinceramente, meu desejo é que este livro se torne uma carta aberta ao mundo. Um tratado de esperança. Um ponto de encontro capaz de transformar e renovar a mente das pessoas, fazendo-as entenderem que o caminho de volta para uma vida plena de realizações, sonhos e progresso infinito passa pela senda da fé, movida pela esperança e aperfeiçoada no amor. Amar é o verbo maior; o caminho excelente.

CAPÍTULO 09

COMPREENDENDO O TEMPO E AS ESTAÇÕES

A vida em todas as suas dimensões precisa ser compreendida sob a ótica do tempo e das estações. Assim, como o viver pode ser compreendido e interpretado numa visão ampliada dos verbos: sonhar, realizar, agradecer e amar, do modo como foi apresentado nesta obra, podemos ainda contextualizá-la na dimensão das quatro estações do ano, compreendendo que todos os acontecimentos e manifestações de vida na natureza são determinados pelos movimentos dessas estações ou mudanças climáticas.

A vida é resultado dos acontecimentos marcados pela dinâmica e influência do tempo e das estações. Entretanto, precisamos buscar com sabedoria cada detalhe das estações da vida! O que nos torna sábios na escola da vida é a dedicação que damos ao nosso mundo e ao mundo que nos cerca entendendo que o Criador fez-me coroa da Criação para respeitar, cuidar e amar numa perspectiva de sonhos, realizações e agradecimentos. Este é o ciclo vital da vida.

O movimento de nosso planeta em torno do sol recebe o nome de translação. Ele é responsável por quatro estações climáticas que marcam o tempo e suas características: primavera, verão, outono e inverno.

Considerando essa análise científica podemos concluir numa análise filosófica e poética que a vida é movida pela força natural e divina da capacidade que cada ser humano tem de sonhar e realizar. A vida termina quando os sonhos e a esperança se esvaem, mesmo que a morte não chegue!

E, por falar em esperança, o mundo precisa dela para que os jovens voltem a sonhar. Só assim, é possível ter uma geração de jovens que viva plenamente sem drogas, sem estimulantes ou ansiolíticos. Uma geração que cuide da alma assim como cuida do corpo. Uma geração que ame e respeite seus pais e mestres; porque sem eles não há ponte para o futuro nem perspectiva de dias melhores.

É tempo de sonhar! Por isso, sonho com uma geração que compreenda o tempo e as estações e que cumpra a sua missão de amar. Que entenda o valor de cada semente semeada ao seu tempo! Uma geração resiliente, guerreira e determinada a viver e realizar seus sonhos! Que viva dignamente seus dias com esperança, fé e amor; fé em Deus e fé na vida!

Mas, na vida precisamos de sensibilidade para entender o propósito de cada estação ou as benesses do Criador em cada uma delas cooperando para o bem das realizações. Você não pode desistir quando o verão chegar! É preciso manter-se firme no propósito de realizar quando a primavera terminar. Os encantos e perfumes das flores do jardim de nossos sonhos não podem nos impedir de desejar o verão do árduo trabalho de nossas realizações. Na primavera é tempo de esperança. O verão é uma estação que requer perseverança e fé. Logo, chegará outono, trazendo os merecidos frutos. E, quando o inverno chegar, o amor permanecerá na perspectiva de superar e na resiliência de realizar mais um ciclo.

Portanto, que busquemos entender com sabedoria o tempo e as estações da vida, a fim de que possamos conjugá-la em suas dimensões no presente.

Porque sem o passado não há presente, mas, sem o presente, não há futuro; por isso, viva o presente, porque ele é determinante na vida! O futuro é um presente que só o presente pode dar ao tempo.

A VIDA NAS ESTAÇÕES DAS FLORES

Como é poética a vida nas estações das flores! Tudo é perfume e cores!...mas, quem sonha não pode iludir-se com jardins! Eles são lindos e coloridos. Exalam vida e inspiração! No entanto, a primavera, assim, como as outras estações, é passageira e serve apenas para preparar o nosso espírito e motivar a nossa alma para as estações de realizações futuras. A vida nas estações das flores é aquele tempo para ornamentar a alma, buscar inspiração, falar mais com Deus e consigo mesmo. Plantar e regar cada desejo numa perspectiva de realização.

A primavera de nossas vidas é também, aquele momento de cuidar de si mesmo! Onde você se prepara para novos desafios. Na estação das flores você pode ser beija-flor de seus sonhos, debruçando-se sobre cada pétala e fecundando cada sonho!

Assim, a primavera é o tempo oportuno para planejar a vida, definir projetos, detalhar objetivos, delineando as ações e priorizando metas. Se as pessoas pudessem entender a importância dessas coisas, não teríamos tantos sonhos abandonados e tantos projetos inacabados!

A primavera é a estação de escolher o curso universitário, investir na formação pessoal, sentimental e espiritual. É aquele período da vida que somos preparados e inspirados num espetáculo de possibilidades, onde brotam verdadeiras amizades, parcerias, afinidades e perspectivas de escolhas. É aquele tempo de nos lançarmos nas asas de nossas realizações num voo de esperança, tal qual uma borboleta!

A   VIDA NAS ESTAÇÕES DO SOL

Cada fase ou estação da vida tem suas características e precisa ser aproveitada e desfrutada. Mesmo aquelas que parecem ser mais difíceis, como o verão.

A vida nas estações do sol ganha força e resistência; é aquela fase da vida que aprendemos a enfrentar, vencer desafios e alcançar um nível maior de superação. Nas estações do sol, o sonhador, parte para a ação, põe a mão no arado. Ele sai da comodidade da contemplação do jardim e do belo para queimar a pele no sol do trabalho pela busca de suas realizações.

Em tempos de sol, nossos limites são provados. Nossas resistências aperfeiçoadas; nossas habilidades em manejar ferramentas de trabalho, também. É só no verão que lançamos mão da semente! Porque quem sonha precisa entender que realizar sonhos significa abrir mão da semente! Existe o tempo de nos apegarmos a semente, mas, existe o tempo de lançarmos a semente mesmo no chão de nossas dúvidas e de nossas incertezas para não morrermos de fome e de desilusão.

Quando estamos determinados a viver intensamente a vida, entendemos que cada etapa da vida faz parte do conjunto de seu sucesso! Entendemos que há tantos felizes verbos para serem conjugados, mesmo no intenso calor do verão que somos encorajados aos desafios sentindo-nos mais vivos e energizados para as nossas mais ousadas realizações!

Vencer na vida é entender o que é essencial na vida! A vida está acima de tudo e de qualquer interesse - viver é um direito universal. Mesmo em tempos difíceis, de sol e calor, não podemos perder o brilho pela vida! As estações do sol assim como as demais estações tem suas peculiaridades, curiosidades, vantagens e desvantagens. Cabe ao sonhador, semeador do tempo, entender o momento e a oportunidade de cada estação.

No campo de nossas emoções, o verão assemelha-se aos momentos de nossas vidas que somos convidados pela existência a despertar os nossos sonhos e projetos, fazendo-os brilharem no palco da vida, sob a luz do sol!..

No verão, estação do sol, somos desafiados a sair de nossas redomas e cavernas e nos lançarmos à luz do trabalho e do empenho em prol de nossos sonhos, enfrentando os desafios ao encontro de nossos resultados e conquistas. É no verão que entendemos que a vida não é uma eterna primavera nem um mar de rosas e que se quisermos ver os nossos sonhos e projetos se concretizarem será preciso transpiração na mesma intensidade de nossa inspiração.

A VIDA NAS ESTAÇÕES DOS FRUTOS

Como é bela e festiva a estação dos frutos! Viva o outono! Estação de ganhos e perdas! Tempo de colhermos parte daquilo que já semeamos no campo de nossas realizações, mas, entendendo que é preciso colher, mas, sem perder as sementes!

No outono é preciso compreender a vida de dois lados: o lado de desfrutar do trabalho realizado e o lado de preparar as sementes de cada fruto para não perder o essencial a fim de garantir a próxima colheita!

Outono é tempo de amadurecimento de nossos projetos e sonhos e de crescermos a partir das experiências vivenciadas até aqui! Porque na estação dos frutos podemos constatar o quanto valeu a pena ter enfrentado o medo, ter se lançado aos desafios para os resultados agora constatados na colheita dos frutos! Outono é tempo, também, de avaliar os reais motivos daquilo que deu certo ou não no alcance ou não de nossas metas!

A vida na gloriosa estação dos frutos nos ensina muito! É um tempo para o apego e o desapego. Apego àquilo que está dando resultado e contribuindo para a multiplicação de nossos resultados; desapego daquilo que não produz mais, nem é necessário na consolidação do projeto macro de nossos sonhos e da garantia do sucesso devido!

A estação dos frutos é um momento de aprendizagem no que diz respeito ao que precisa ser sacrificado ou rebuscado para dar continuidade em minhas realizações na busca plena pela felicidade.

A VIDA NAS ESTAÇÕES DAS CHUVAS

A vida no inverno é um processo de reconstrução e recondução. É aquele momento de recomeçar o ciclo, de esperar que a terra de nossas realizações possa descansar e se recompor. É aquele tempo que precisamos para fazer nossas avaliações, apreciar nossas obras e feitos numa viagem para dentro de nós, afinal, lá fora é inverno. Nesta fase não há muito o que fazer lá fora, por isso deve ser a um período para reavaliar, replanejar, mas, também, para celebrar o que foi conquistado no fechamento de mais um ciclo.

A vida é assim: feita de ciclos e fases; estações e momentos. A vida está condicionada ao tempo e o tempo às devidas estações e momentos. Com isto, é preciso sabedoria para entender que nada acontece por acaso. Que tudo tem sentido na natureza que nos cerca. Que cada acontecimento, desde uma folha que cai até um vento que sopra tem o seu lugar no ciclo de realizações da natureza e que, portanto, é preciso compreender suas dimensões.

Como é poético e filosófico o inverno! Porque é a fase da introspecção e de diminuirmos o ritmo de nossas vidas para uma viagem em nós mesmos. A estação das chuvas é aquele poderoso momento de permanecermos mais tempo ao lado de quem amamos, a fim de lembrarmos de nossas origens e reconhecermos nossas raízes.

O inverno é tempo para avaliarmos os nossos valores familiares. É tempo de sentarmos à mesa com aqueles que amamos, de contarmos nossos planos e ouvirmos as histórias de quem realmente é importante para nós. De fato, a vida só é compreendida melhor acerca de sua essência na estação mais fria do ano! – no inverno de nossas histórias! Pois, nesta fase entendemos melhor o que e quem, essencialmente, nos importa na vida!

No inverno, as noites são mais longas para nos ensinar que no campo de nossas emoções é um tempo para o recolhimento - e porque não dizer: um período para recuperarmos nossas energias para novamente enfrentarmos nossos desafios e medos com a devida motivação e esperança para alcançarmos as mais felizes realizações.

Assim, procure entender que o inverno é aquele tempo de quietude e introspecção; tempo de oração e meditação; tempo de ouvir os sons e músicas de nosso mundo interior na perspectiva de compreender o mundo lá fora. É no inverno, estação das chuvas e do frio, o melhor tempo para cuidar do interior de nossa casa e descobrir o quanto é valioso o aconchego do lar, das conversas familiares, do diálogo com quem temos em nossa casa e da importância deles em nossa vida. Inverno é tempo de falar consigo mesmo e com os cobertores das provisões divinas. Inverno é esse tempo de apreciar o que colhemos no outono, de agradecer pela estação que passou trazendo prosperidade para o tempo difícil e de escassez! Inverno é tempo de preparar o solo da alma enquanto a chuva cai, lá fora. Logo, será primavera, verão e outono novamente. E, precisarei estar preparado para recomeçar cada sonho deixado nos ciclos das estações que passaram.

CAPITULO 10

A FELIZ CONJUGAÇÃO DE UM VIVER PLENO

"A negligência é o maior erro da vida."

A vida é um espetáculo de cores e nuances; a soma de lutas e vitórias. O resultado de fracassos e recomeços. A vida é a junção e a flexão harmoniosa de fatos previstos e imprevistos. Na vida nada acontece por acaso. Tudo tem sentido e propósitos. A vida associa-se a elementos concretos e abstratos para tornar-se passageira e eterna! A vida é feita de interligações e aglutinações de sentimentos, obras e ações de modo que nada do que existe nessa vida foi feito do nada ou para nada! A vida não tem fim; A vida tem finalidades. A vida é a fundição e a soma de espantos, alegrias, dor e contentamento. A vida está além da reprodução sexuada ou assexuada. A vida é muito mais que DNA, células e metabolismo; a vida é um composto de ação e reação. A vida é muito grandiosa e gloriosa para passar despercebida.

No entanto, a vida precisa ser conduzida com equilíbrio; experimentada e apreciada com muita alegria e intensidade! A vida que vai é uma só. As sementes deixadas no curso da vida podem produzir frutos para a eternidade! Por isso, a vida tem consequências e retorno. A vida merece ser degustada como uma barra de chocolate com avelã ou de qualquer outra coisa que você mais ache saboroso! Viver é sentir o sabor da vida!

A vida é o fôlego divino que torna o homem imagem do Criador e alma vivente. A vida é esse universo de infinitas e gloriosas riquezas!

Quando olho para a vida em sua totalidade e diversidade, tenho todos os motivos para viver! O Criador nos muniu de todas as possibilidades, habilidades, talentos e dons a fim de nos tornar astros e estrelas no infinito céu da existência!

Portanto, viva plenamente. Viver plenamente não é estar isento de dificuldades e dissabores na vida, mas, mergulhar em si mesmo em efusiva gratidão pela oportunidade de aprender com eles. Viver plenamente é experimentar o milagre que existe no mundo que nos cerca. A vida plena é resultado de três coisas: fé, esperança e amor: na vida, em Deus, no próximo e em si mesmo!

Quando a vida parecer difícil e a esperança desvanecer abatendo tuas forças, redescubra o prazer de viver. Reaprenda a conjugar a vida e seus momentos com determinação e fé.

O meu desejo, leitor é que você celebre a vida nas felizes conjugações e estações desta vida, de modo poético, filosófico, harmônico e espiritual. Que possas levantar-se desempenhando seu papel nesta vida com a devida responsabilidade de seus atos, avaliando cada resultado de suas ações direta ou indiretamente em sua vida ou na vida do outro.

Porque na vida erramos mais por não realizar do que por realizar. O maior erro na vida é deixar de realizar aquilo que veio em nossas mãos para realizar. A negligência é o maior erro da vida! A omissão é a maior falha na arte de viver! Não negligencie a vida, nem se furte de seus momentos; assuma-os! Não tenha medo de viver teus capítulos, nem tampouco de escrever suas histórias!

Abra bem a janela de tua existência e cuide do jardim de teus sonhos! Há sempre um sonho a desabrochar no tempo e um ciclo inesgotável de possibilidades de realizá-lo. Enquanto houver uma folha a mover-se no vento e no tempo, sempre será possível realizar e acreditar! Pois, quando é noite aqui é dia ali.

Desejo, sinceramente que cada leitor possa conjugar os verbos da vida: sonhar, realizar, agradecer e amar, como sendo o cerne da existência pela busca da plena felicidade. Lembre-se: Ser feliz hoje é o resultado de fazer feliz agora!

Desejo que você possa entender e compreender os tempos e as estações no compromisso das realizações pela busca de teus sonhos; que possas conjugar os felizes verbos da vida que fazem parte em cada ciclo de tua existência sob a ótica do amor.

Finalmente: sonhe, realize, agradeça e ame. Porque felicidade é poder conjugar esses verbos, na primeira pessoa do plural:

Nós sonhamos.

Nós realizamos.

Nós agradecemos.

Nós amamos!

Viva a vida!

FIO DE VIDA

A vida
Esse fio que teço
No silêncio da indecisão
Um dia se tornará forte
Se persistir nesse meu rito
A fé que trago no peito.

A vida
Esse fio que teço
Cuidadosamente
Segue essa sina
De crescer
De querer ser forte:
Passo a passo
Ponto a ponto
Fio a fio!
Novelo de mina insistência
Esse fio pequeno
Que trabalho em mim
No labor infindo contra o tempo
Qualquer dia desses
Não mais será fio (...)
Novelo de vida forte será!

Do forçoso trabalho
Que constrói o fio de vida
Que teço agora sem medida
Esse enorme novelo meu
Que me faz esse retalho
De mina colorida história
Trago a ternura das cores
Do que vou realizando:
Ponto a ponto

Passo a passo
Fio a fio...

Assim sou:
Novelo de mim
Forte e colorido
Porque nesse rito
Trago no meu peito
Essa fé pequena
Que se torna grande – Em cores e formas
Que constrói em mim
Essa minha história (...)

Fio a fio
Ponto a ponto
Passo a passo:
FIO DE VIDA!

(Fio de Vida, 2015 – Marizan Di Carvalho)

www.ingramcontent.com/pod-product-compliance
Lightning Source LLC
LaVergne TN
LVHW010235200726
843506LV00014B/2979